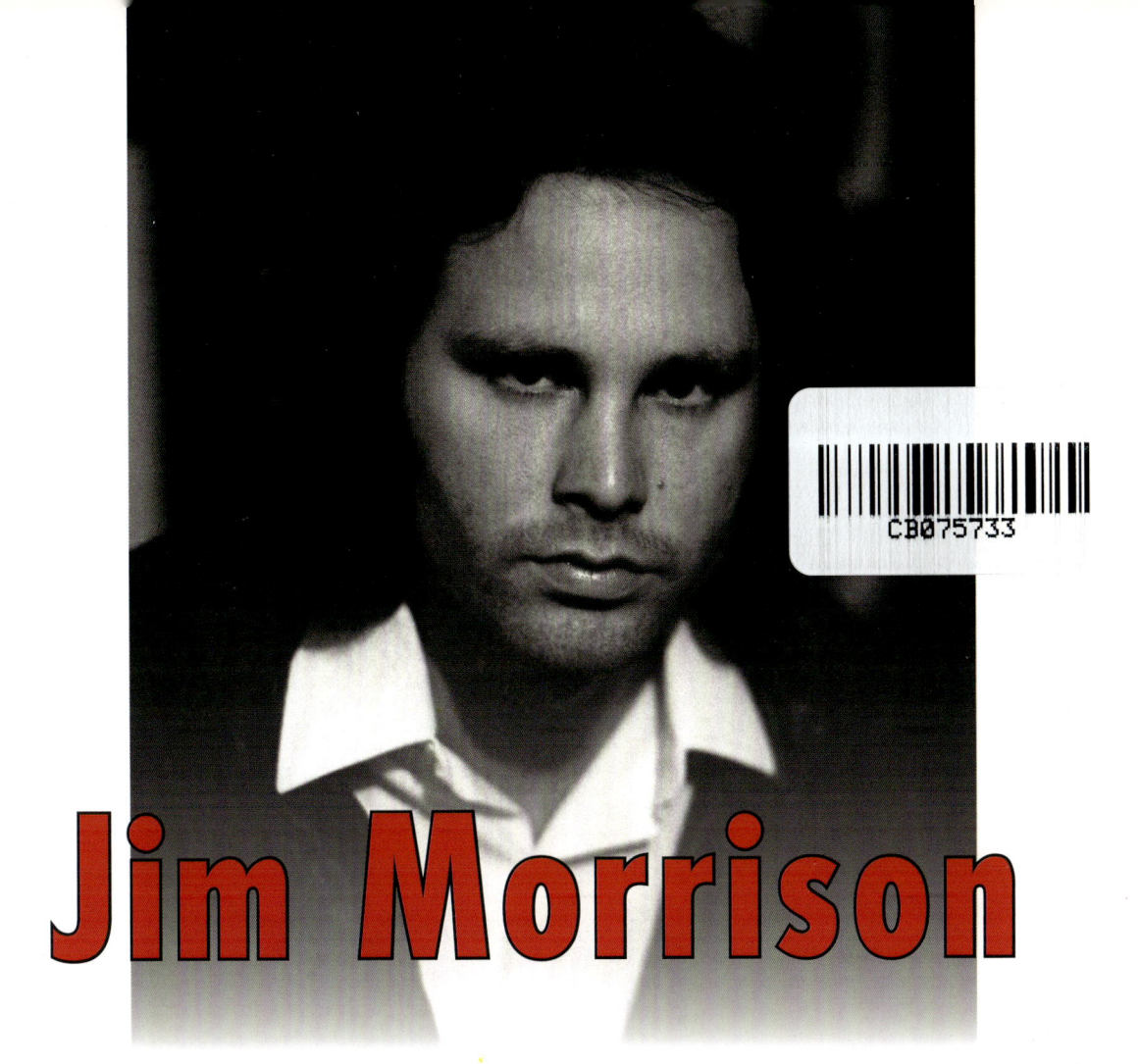

Jim Morrison e The Doors

Textos e fotos de Henry Diltz

Jim Morrison e The Doors

Tradução:
Tatiana Malheiro

MADRAS®

Publicado originalmente em francês sob o título *Jim Morrisson & The Doors* por Ed. Premium.
© 2011, Ed. Premium.
Direitos de tradução e edição para o Brasil.
Tradução autorizada do francês.
© 2012, Madras Editora Ltda.

Editor:
Wagner Veneziani Costa

Produção e Capa:
Equipe Técnica Madras

Tradução:
Tatiana Malheiro

Revisão da tradução:
Caio Lorezon

Revisão:
Arlete Genari

Dados Internacionais de Catalogação na Publicação (CIP)
(Câmara Brasileira do Livro, SP, Brasil)

Diltz, Henry
Jim Morrison e The Doors / textos e fotos de Henry Diltz ; [tradução Tatiana Malheiro]. -- São Paulo : Madras, 2012.
Título original: Jim Morrison and the Doors
ISBN 978-85-370-0761-7
1. Doors 2. Doors (Banda de rock) 3. Morrison, Jim, 1947-1971 4. Músicos do rock - Estados Unidos - Biografia I. Título.
12-04762 CDD-782.42166092

Índices para catálogo sistemático:
1. Jim Morrison : Músicos do rock : Biografia e obra 782.42166092

É proibida a reprodução total ou parcial desta obra, de qualquer forma ou por qualquer meio eletrônico, mecânico, inclusive por meio de processos xerográficos, incluindo ainda o uso da internet, sem a permissão expressa da Madras Editora, na pessoa de seu editor (Lei nº 9.610, de 19.2.98).

Todos os direitos desta edição, em língua portuguesa, reservados pela

MADRAS EDITORA LTDA.
Rua Paulo Gonçalves, 88 – Santana
CEP: 02403-020 – São Paulo/SP
Caixa Postal: 12183 – CEP: 02013-970
Tel.: (11) 2281-5555 – Fax: (11) 2959-3090
www.madras.com.br

PREFÁCIO

A primeira vez em que estive com Jim foi como músico, em meados dos anos 1960, quando eu era integrante do Modern Folk Quartet. Eu o encontrava às vezes nas imediações de West Hollywood, em uma loja com sua namorada Pamela ou em um clube do Sunset Boulevard. Nós dois havíamos saído com uma garota belíssima chamada Enid, e éramos ambos membros ativos do movimento hippie de folk-rock, fumávamos *cannabis*, consumíamos ácido... enfim, aquela tendência artística e social que dominava a cena de Los Angeles. Ele não era um amigo próximo, mas nós nos conhecíamos e ele sempre me cumprimentava fazendo um sinal com a cabeça, acompanhado de um leve sorriso com a boca fechada. No começo dos Doors, eu o vi tocando no Whisky à Go Go, e achava aquela música intrigante, mesmo estando mais envolvido no mundo das harmonias vocais e dos grupos de guitarristas, como The Byrds e The Buffalo Springfield.

Três ou quatro anos mais tarde, quando eu já havia me tornado fotógrafo profissional e os Doors já tinham quatro álbuns de sucesso, nossos caminhos profissionais se cruzaram em um projeto em comum – a realização da capa do álbum *Morrison Hotel*, provavelmente a mais famosa dentre as centenas que já fotografei. É uma daquelas capas que todas as gerações conseguem reconhecer. Obviamente, nenhum de nós, na época, sabia que seria assim. Cada capa de álbum que fiz foi uma aventura do momento; não nos importávamos com o lugar que ela ocuparia na história. Em vez de se questionar, é melhor curtir a vida e aproveitar o momento presente.

Eu jamais poderia imaginar que Jim Morrison, aquele cara tranquilo, queimaria sua vida como uma vela, consumindo-se intensamente em pouco tempo, e se extinguiria em uma banheira em Paris, tão jovem. Fico feliz com a sorte que tive de poder observá-lo enquanto ele ainda assistia à vida ao seu redor...

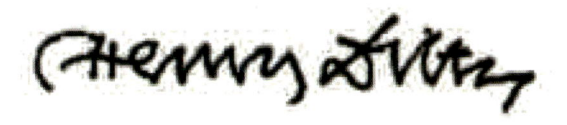

Henry Diltz
Junho de 2011

Hollywood Bowl, Los Angeles, 5 de julho de 1968

(Fotos das páginas 6 a 13)

Em 5 de julho de 1968, os Doors se apresentavam no Hollywood Bowl, em Los Angeles. Meu trabalho consistia em tirar fotos do show para a produtora KHJ, uma estação de rádio que era a número 1 de Los Angeles. Meu grande amigo Ron Jacobs era o diretor de programação, e ele era fã das minhas fotos.

Eu me agachei entre a primeira fila e o palco, e tentei ser o mais discreto possível, pois não queria chamar a atenção de Jim e fazê-lo se desconcentrar. A noite estava amena e o som, a céu aberto, estava muito nítido. Durante as músicas, a multidão ficou em silêncio, porque a voz de Jim tinha um efeito hipnótico que a fascinava.

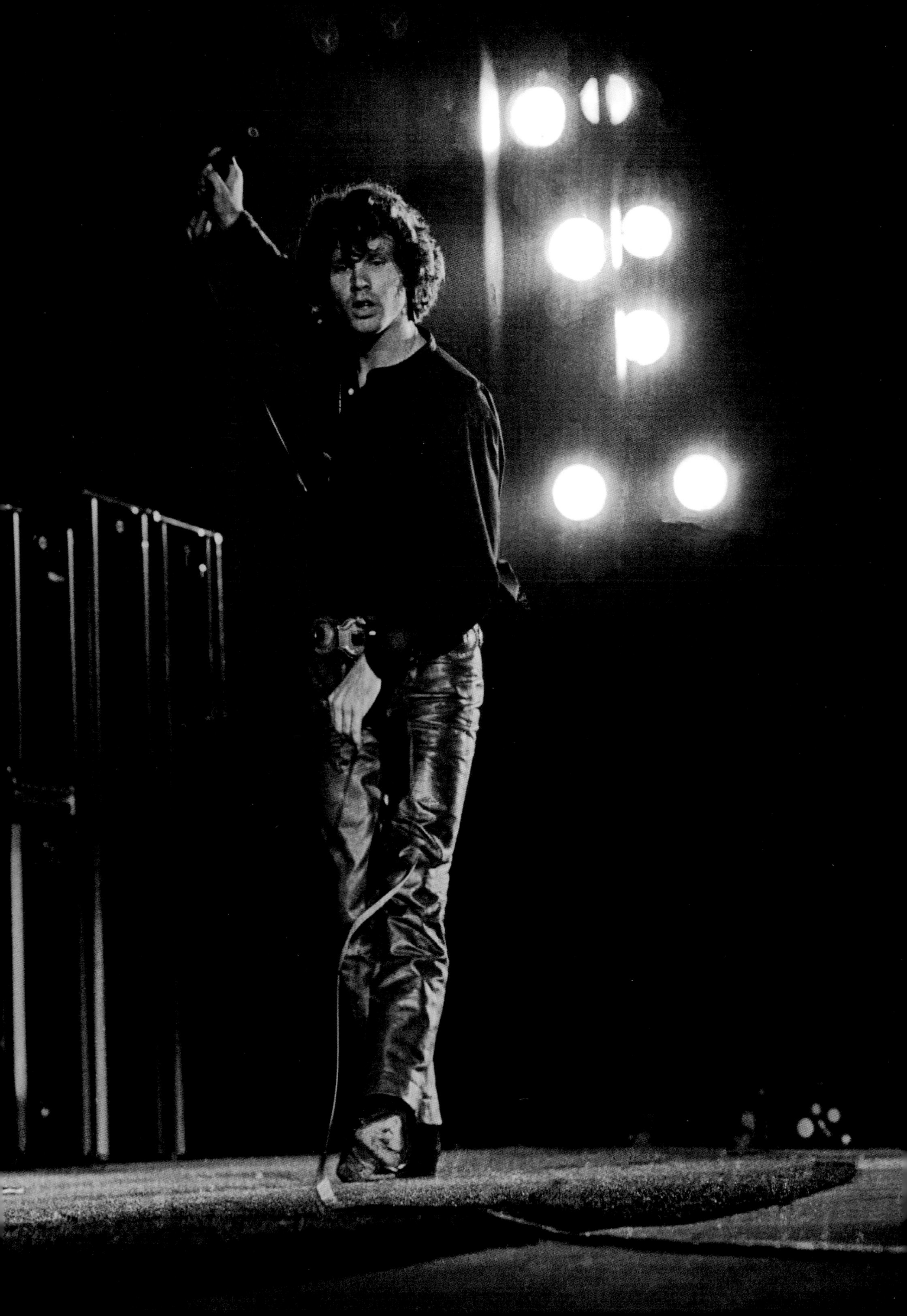

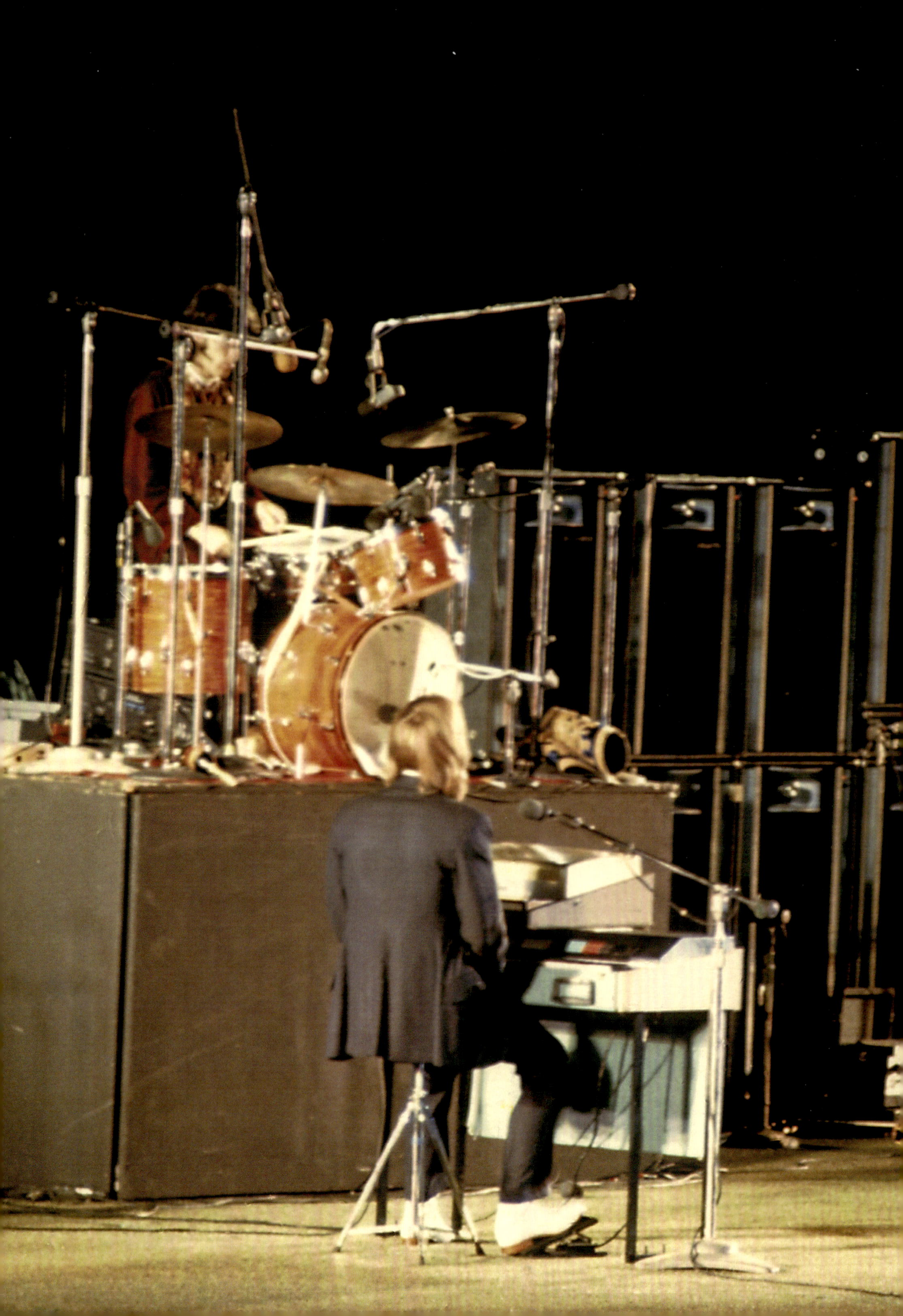

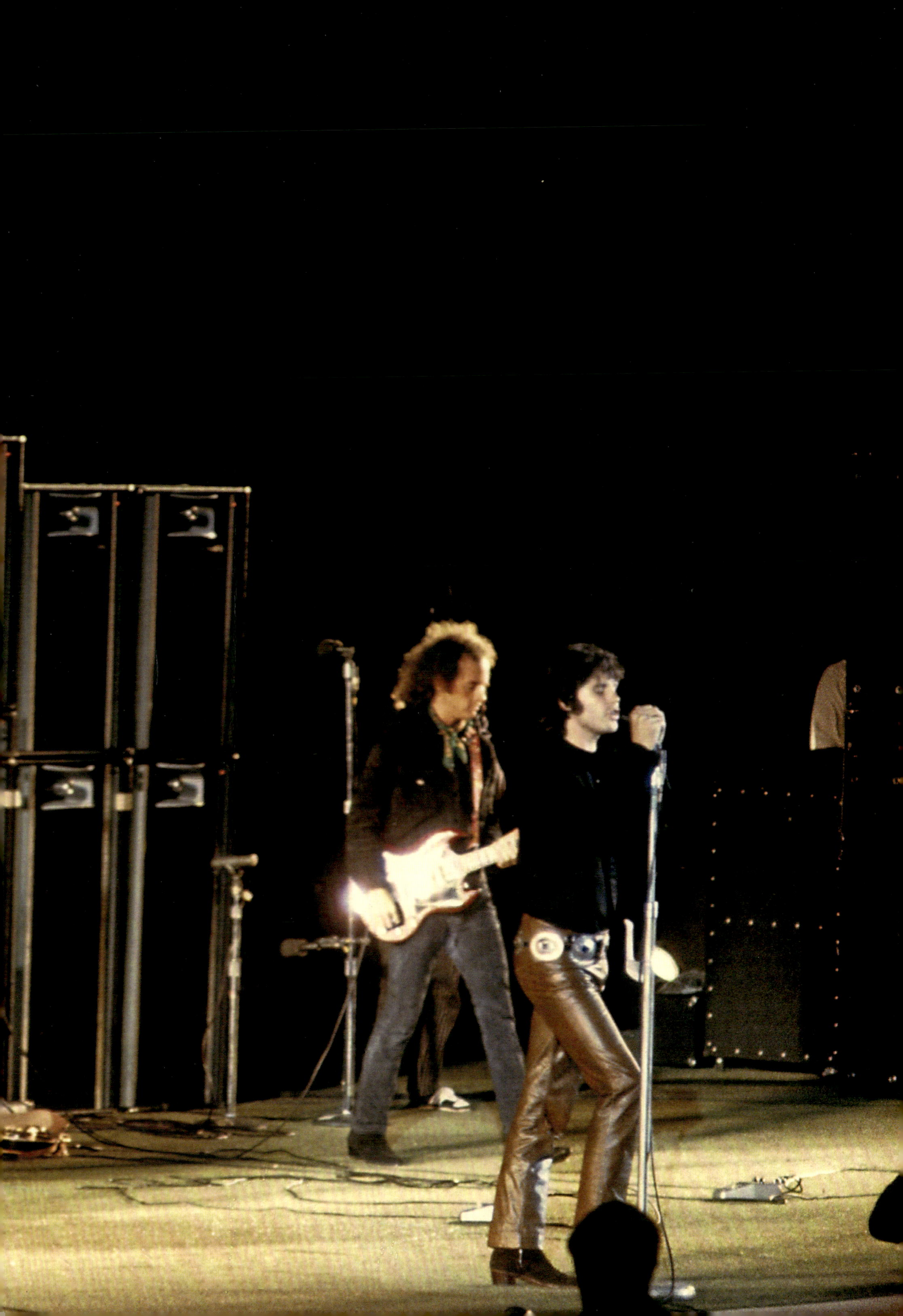

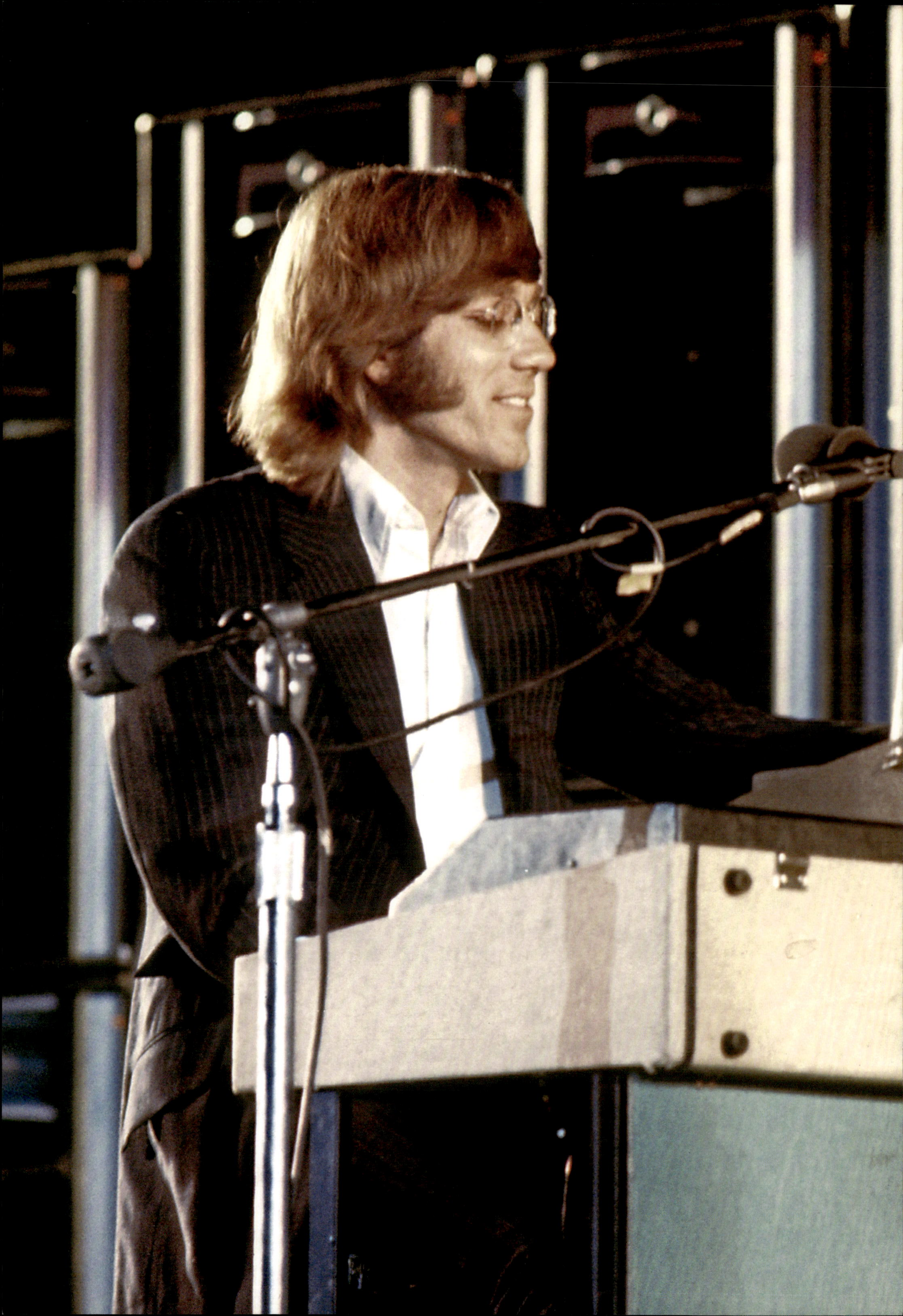

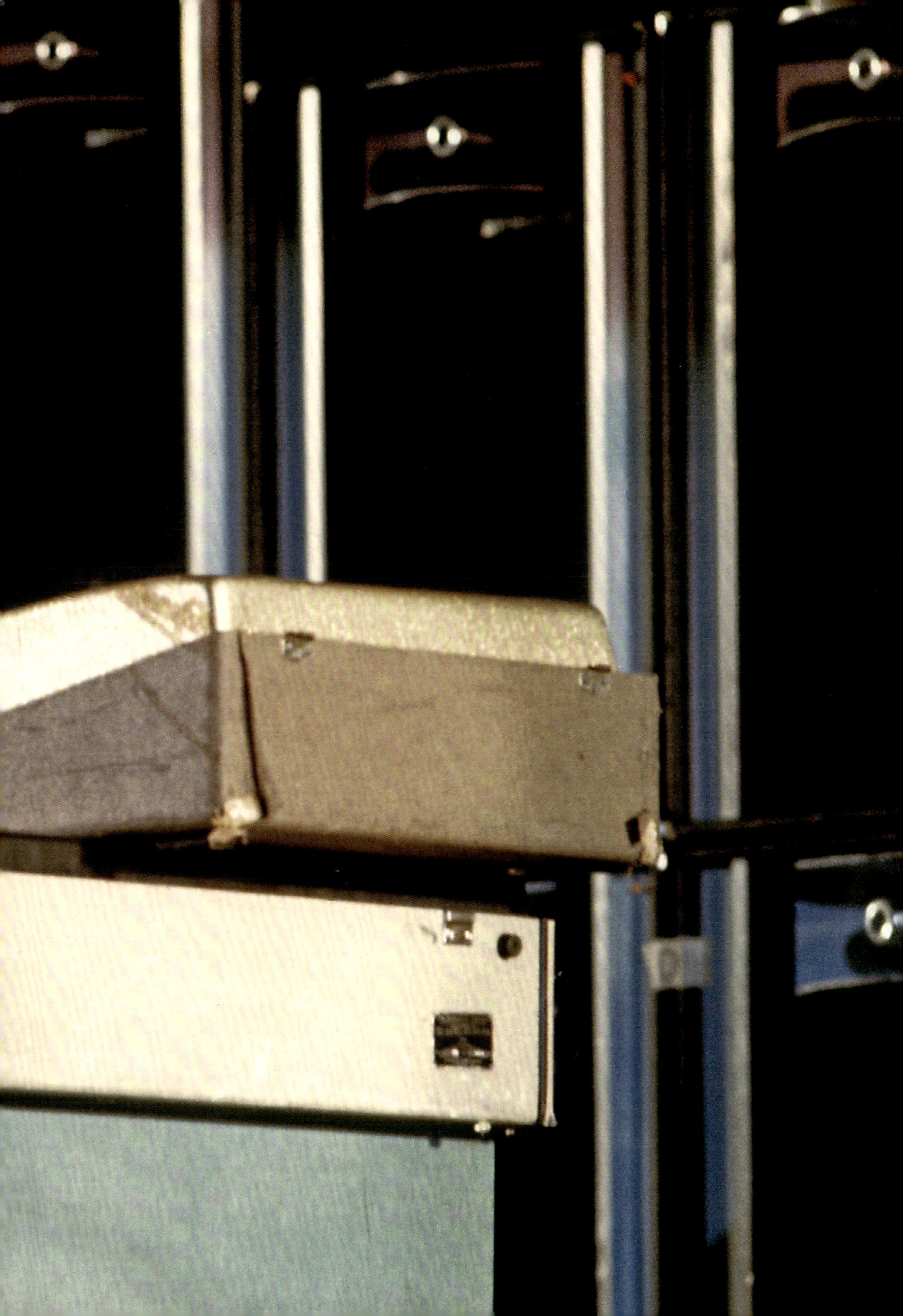

Doors no palco

Os Doors não tinham baixista. Ray Manzarek, o tecladista, tocava a melodia do baixo com a mão esquerda. No palco, os gigantescos e numerosos amplificadores formavam uma parede atrás dos músicos. É claro que eles faziam muito barulho, mesmo quando Jim cantava suavemente, com os lábios colados ao microfone.

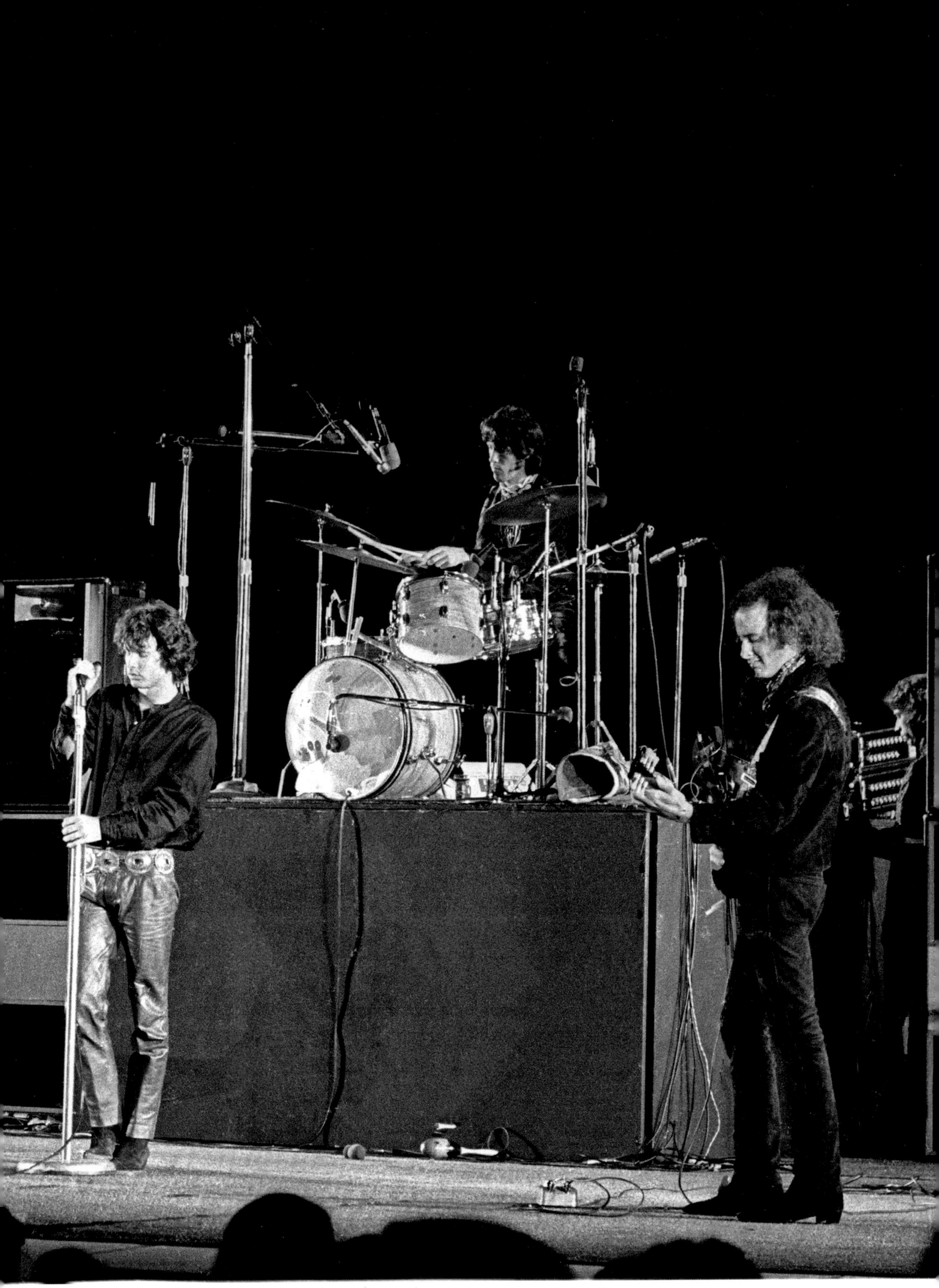

(Fotos ao lado e acima)

No começo do show, Jim vestia um colete azul e dourado, que ele tirou mais tarde, quando começou a fazer calor. Ele permaneceu muito tempo no mesmo lugar, em pé, atrás do microfone, pois isso lhe proporcionava certa estabilidade. Seu primeiro show havia acontecido no Whisky à Go Go, e ele ficou em pé, de costas para o público, porque tinha o costume de olhar para os outros integrantes do grupo durante os ensaios.

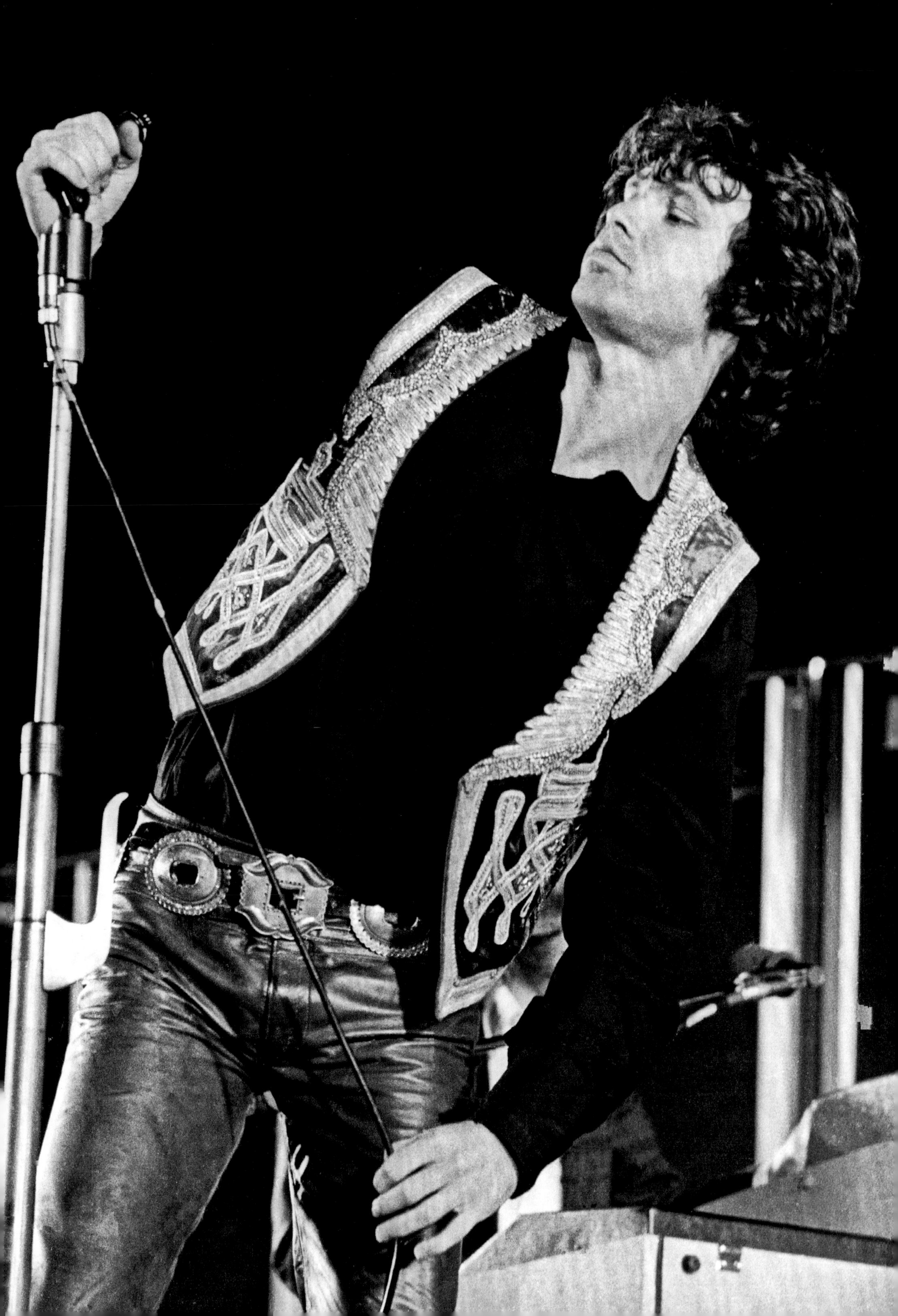

Long Beach Arena, 7 de fevereiro de 1970

(Fotos das páginas 16 a 23)

Jim de frente para uma luz tênue. Estas fotos foram tiradas um ano e meio depois do show do Hollywood Bowl. Foi um show no Long Beach Arena, em 7 de fevereiro de 1970. Eu não estava muito próximo ao palco. O rosto de Jim, captado pela teleobjetiva, ficou arredondado. Acho que isso era mais por causa da bebida do que da comida.

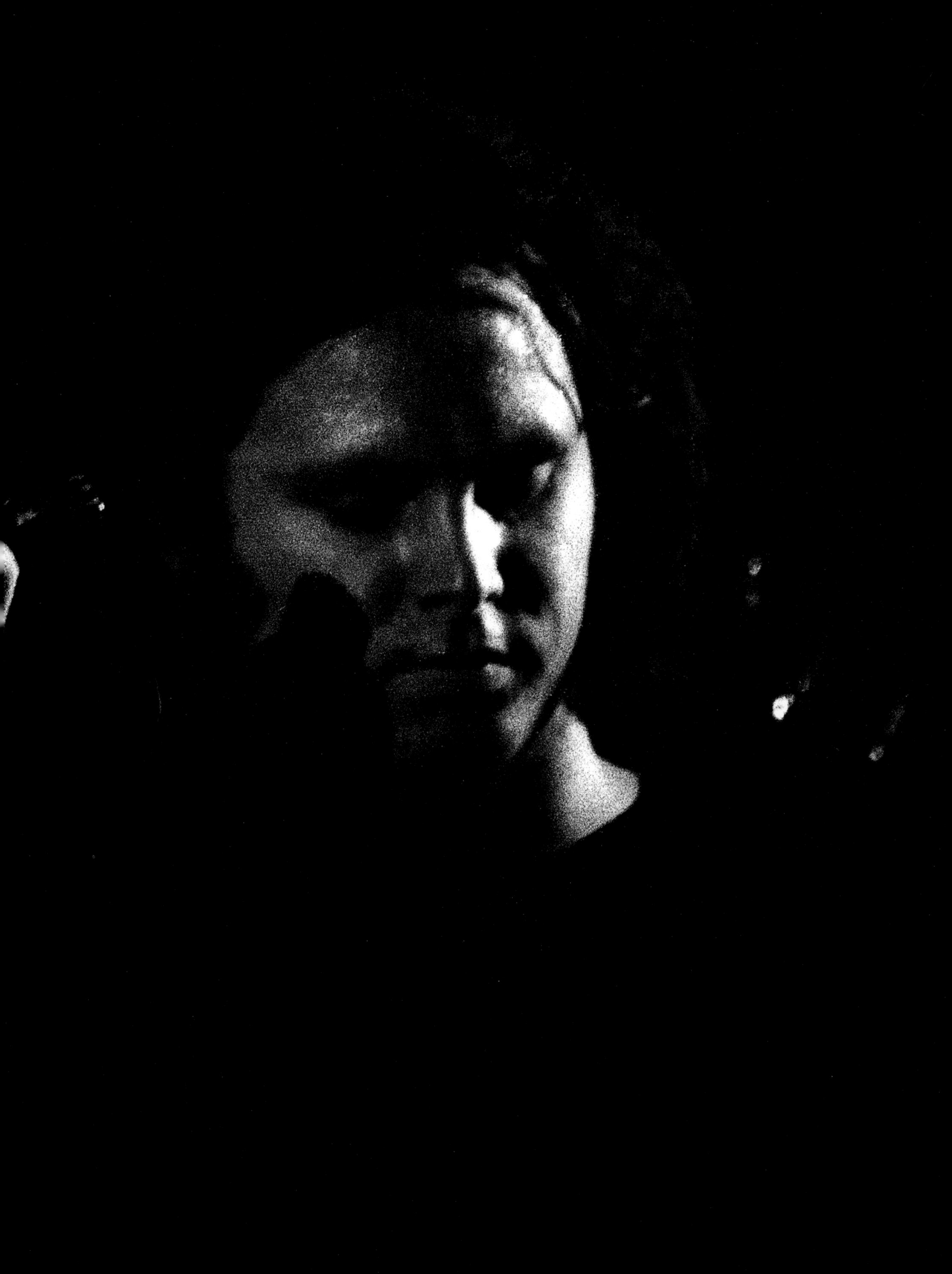

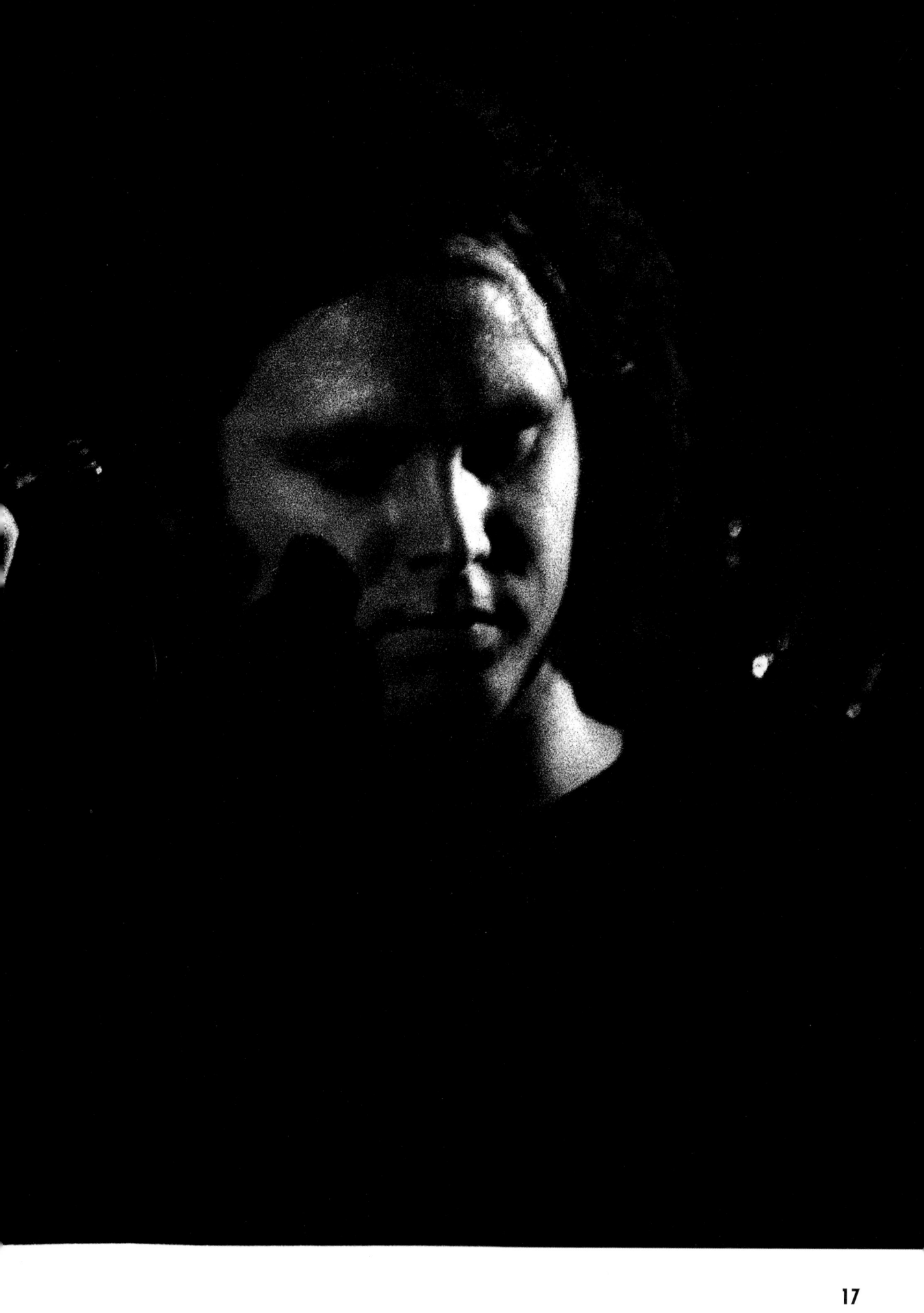

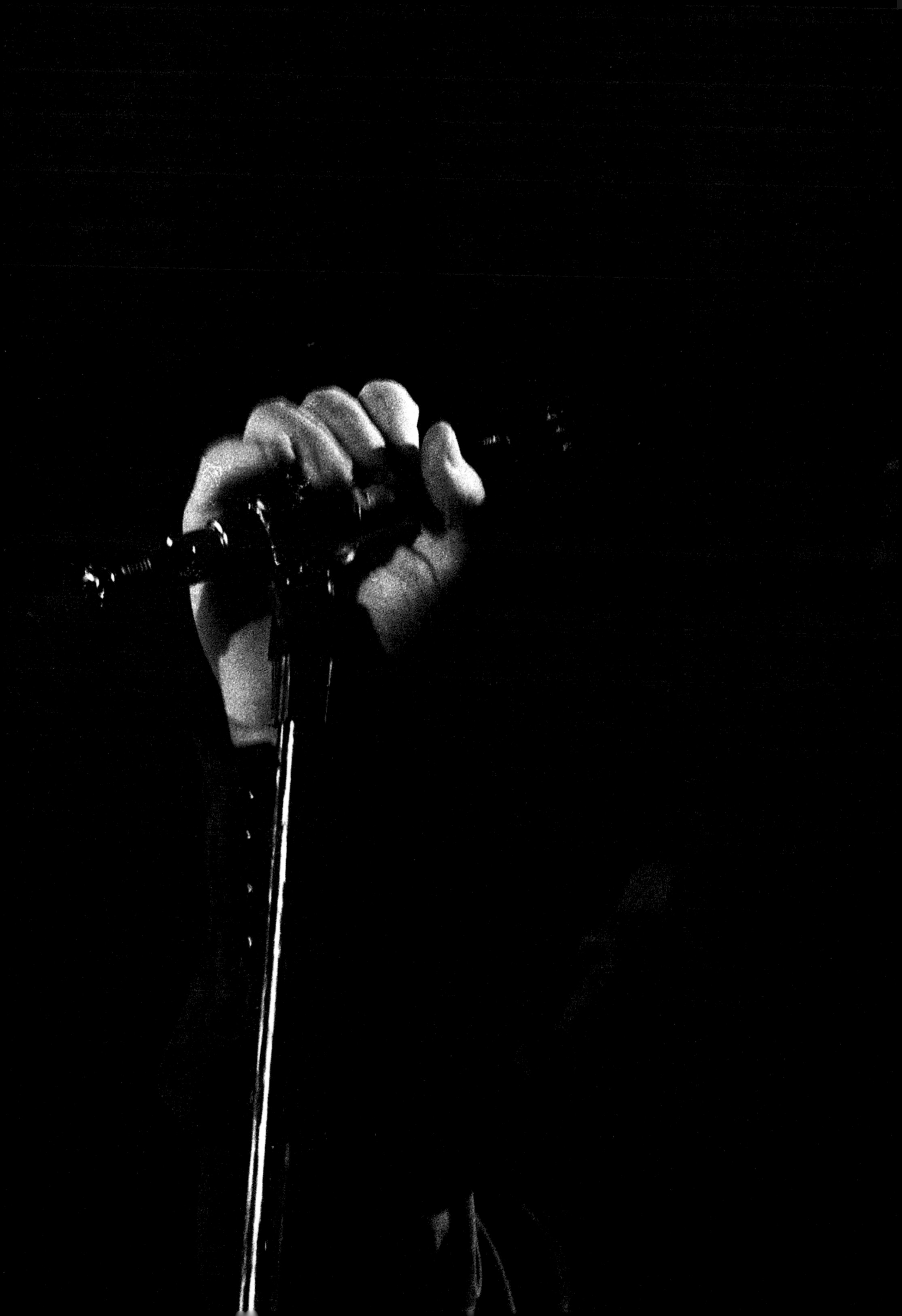

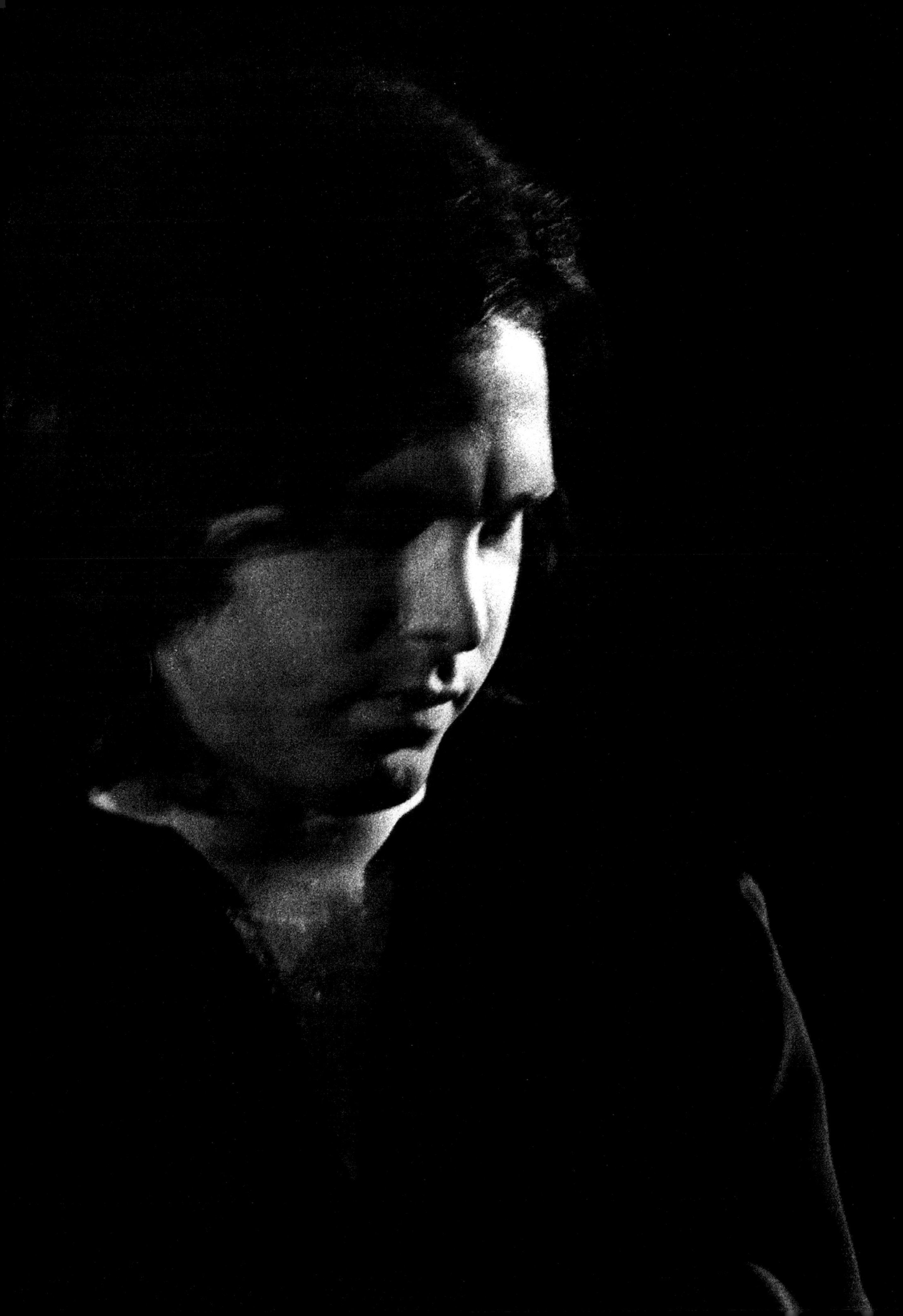

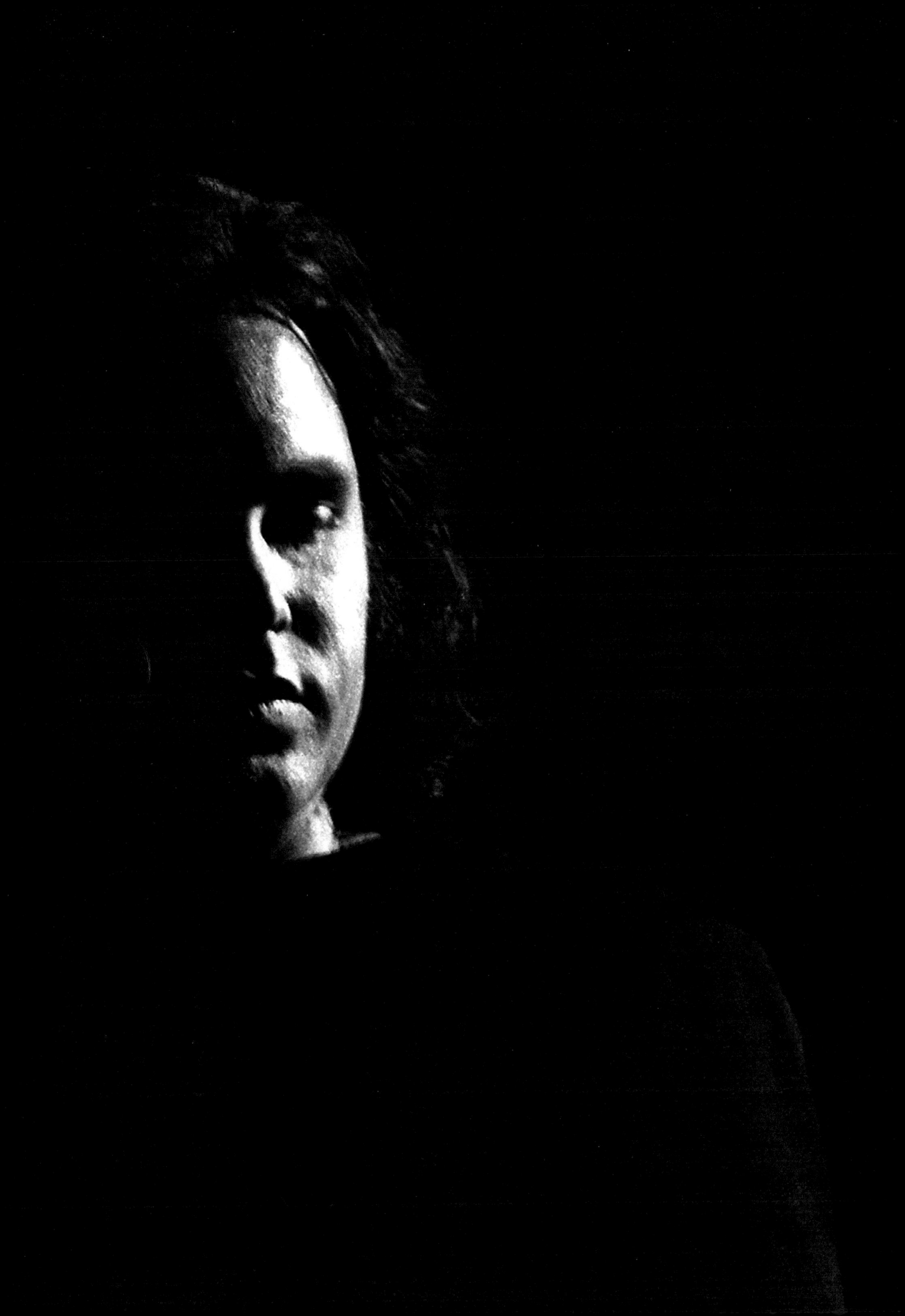

Long Beach Arena, 7 de fevereiro de 1970

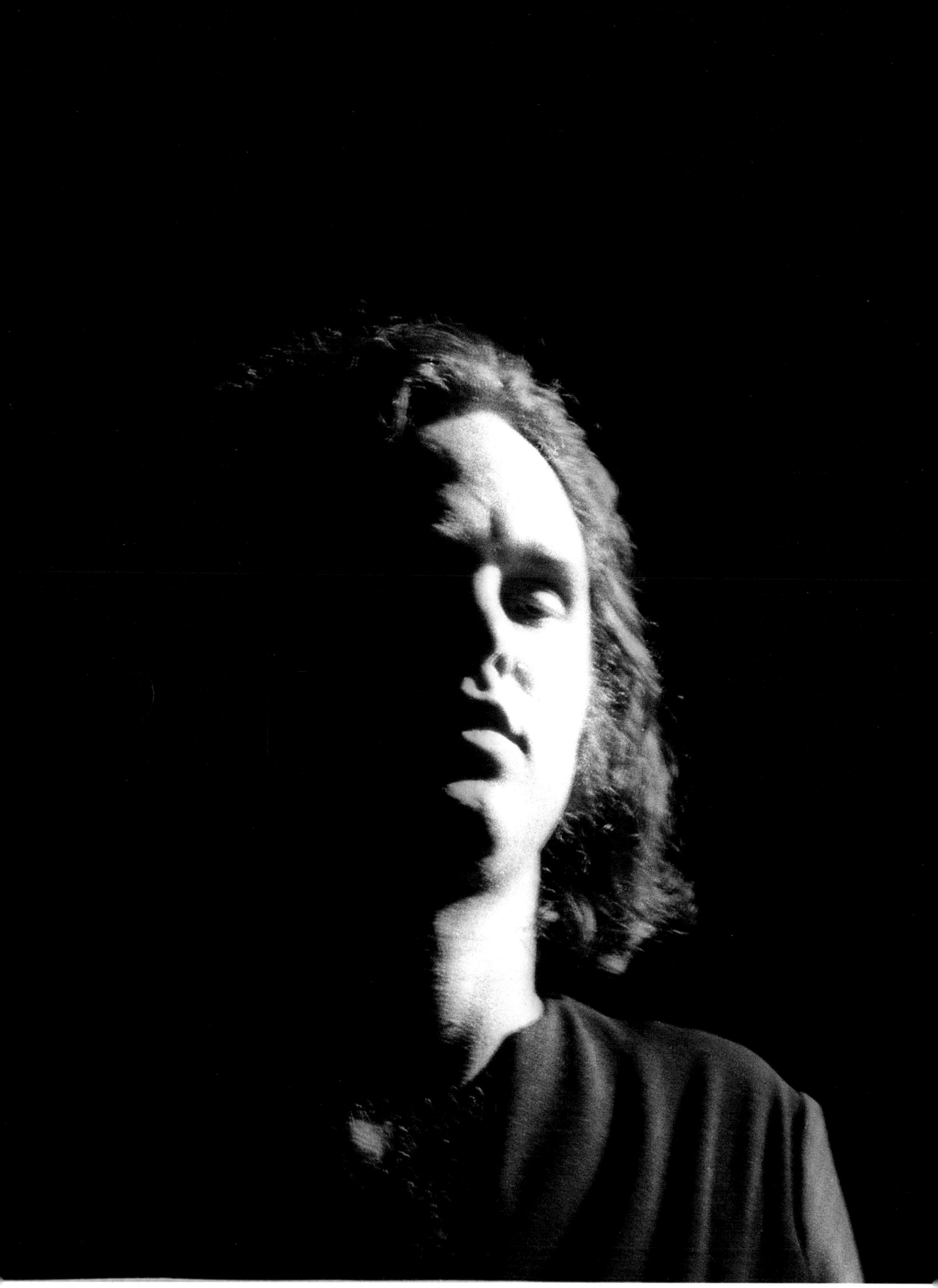

Viagem para Venice Beach, dezembro de 1969

Jim lendo uma revista enquanto nos dirigimos a Venice, na Califórnia, para uma sessão de fotos. É dezembro de 1969, uma semana depois de termos feito as fotos no Morrison Hotel. Jim está lendo minha revista *Time*, e eu estou irritado com ele, porque também queria lê-la. Sempre a tenho comigo, é um meio existencial de escapar da realidade quando fico entediado. Com ela, posso me desconectar do momento presente e ser transportado para longe pelo que está escrito. Jim viu minha revista e me perguntou se poderia folheá-la. Naturalmente, eu a dei para ele, mas então não pude mais lê-la e fiquei privado de minha válvula de escape. Eu pensava: "Já que não tenho nada para fazer do meu tempo, posso ao menos tirar fotos dele". Então eu me virei e o focalizei com minha objetiva – eu estava a cerca de um metro dele –, ele me olhou com um ar sombrio, furioso por ter sido interrompido. Pensei: "Merda, é a *minha* revista".

(Fotos das páginas 25 a 32)

A van na qual viajávamos para a praia era a Volkswagen do baterista John Densmore, que estava ao volante. Eu estava sentado no banco da frente, a seu lado, e Ray Manzarek encontrava-se em um assento dobrável atrás do motorista. Jim estava no assento de trás, ao lado de Gary Burden, o diretor artístico e meu parceiro na criação de capas de álbuns. Robbie Krieger, o guitarrista, viajava sentado no chão do bagageiro, na parte de trás da van. Estávamos indo para o oeste.

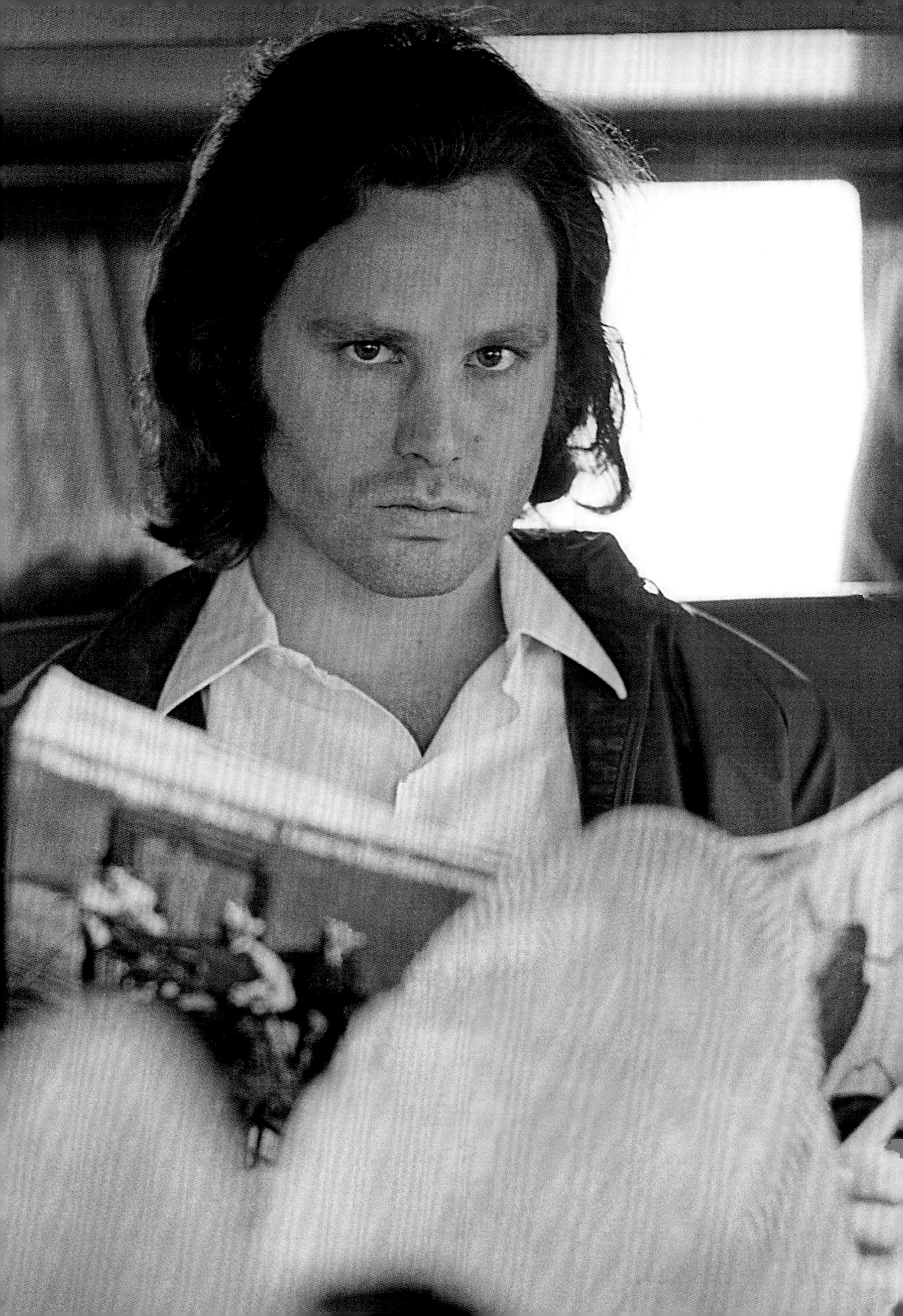

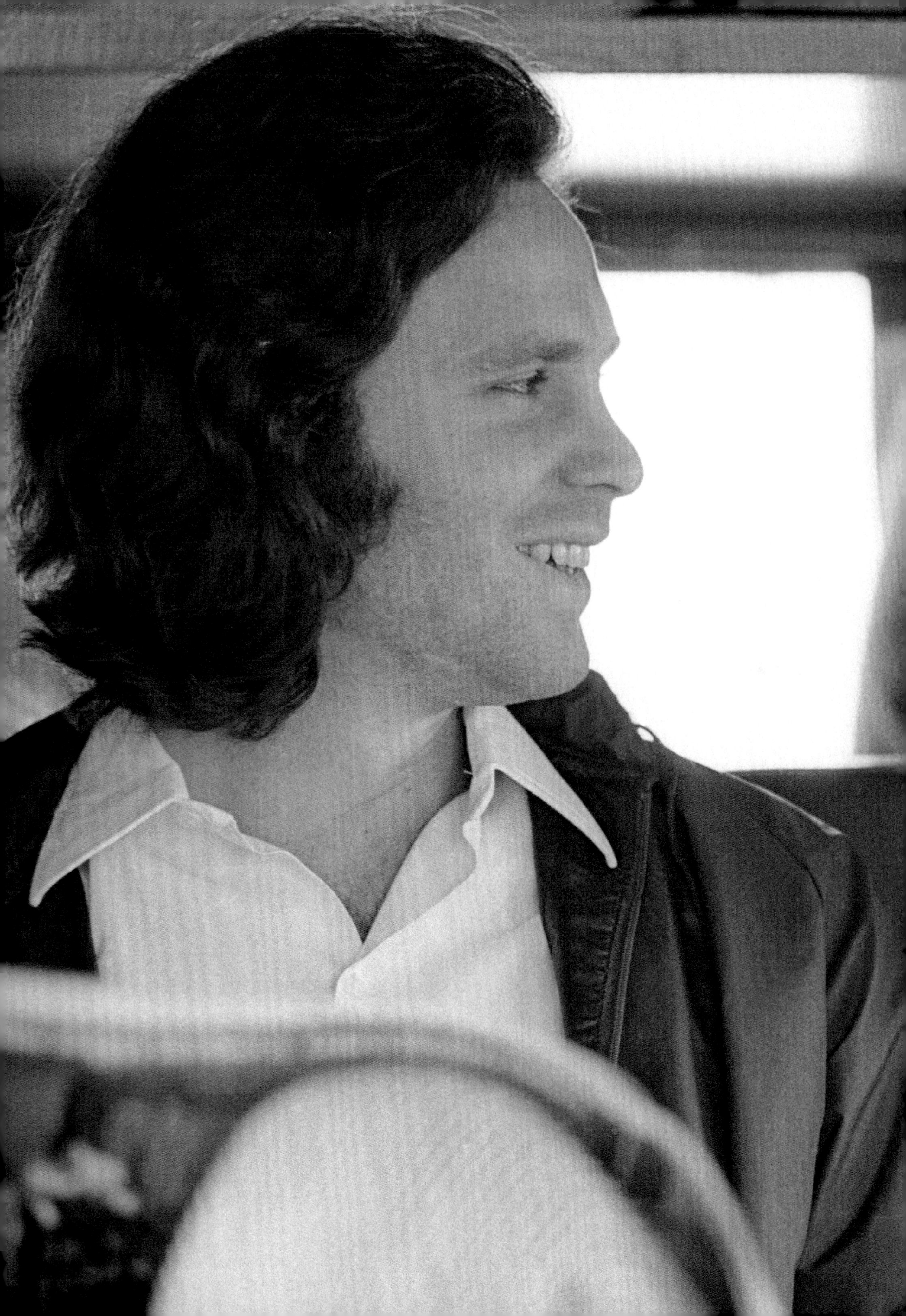

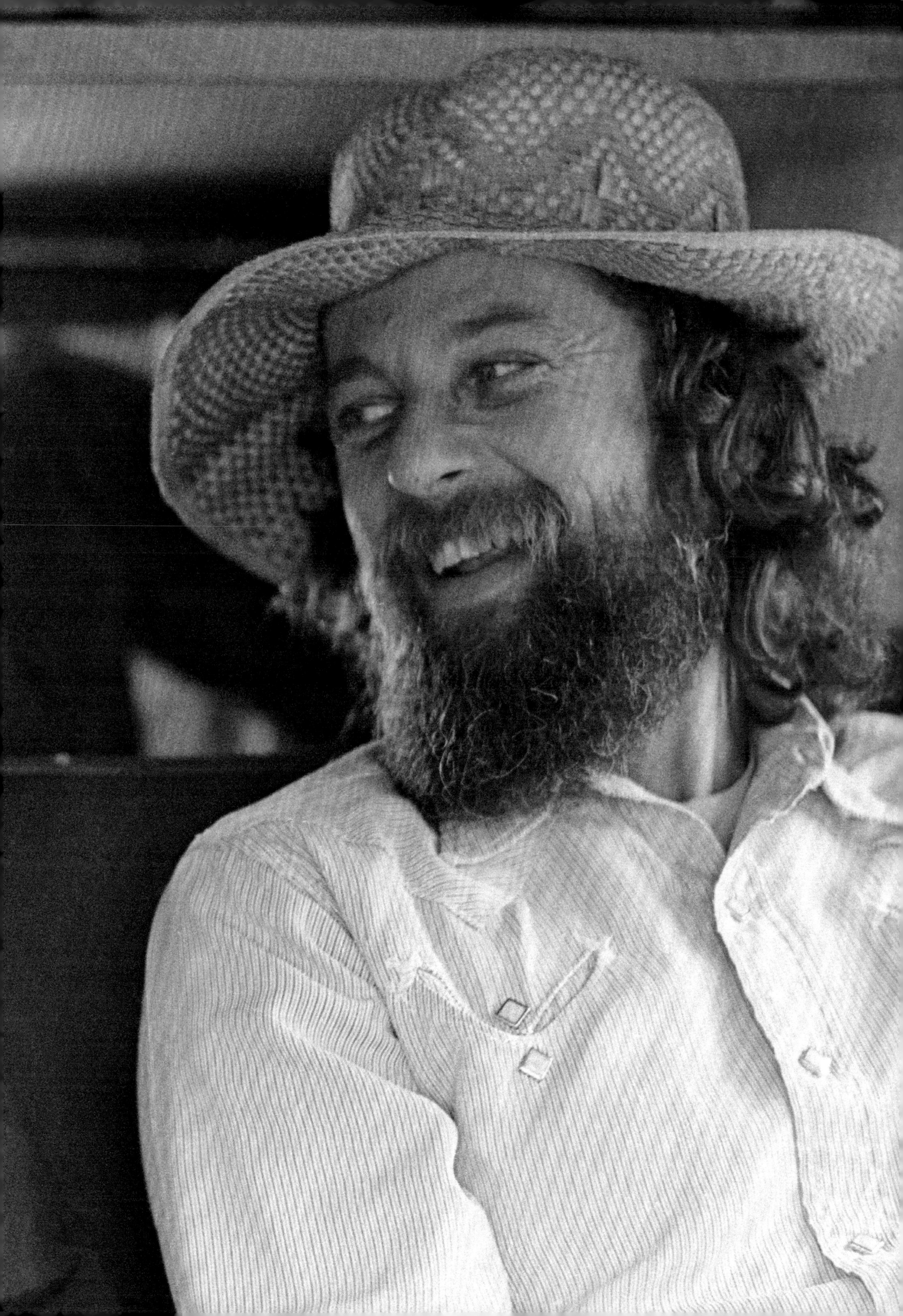

28

29

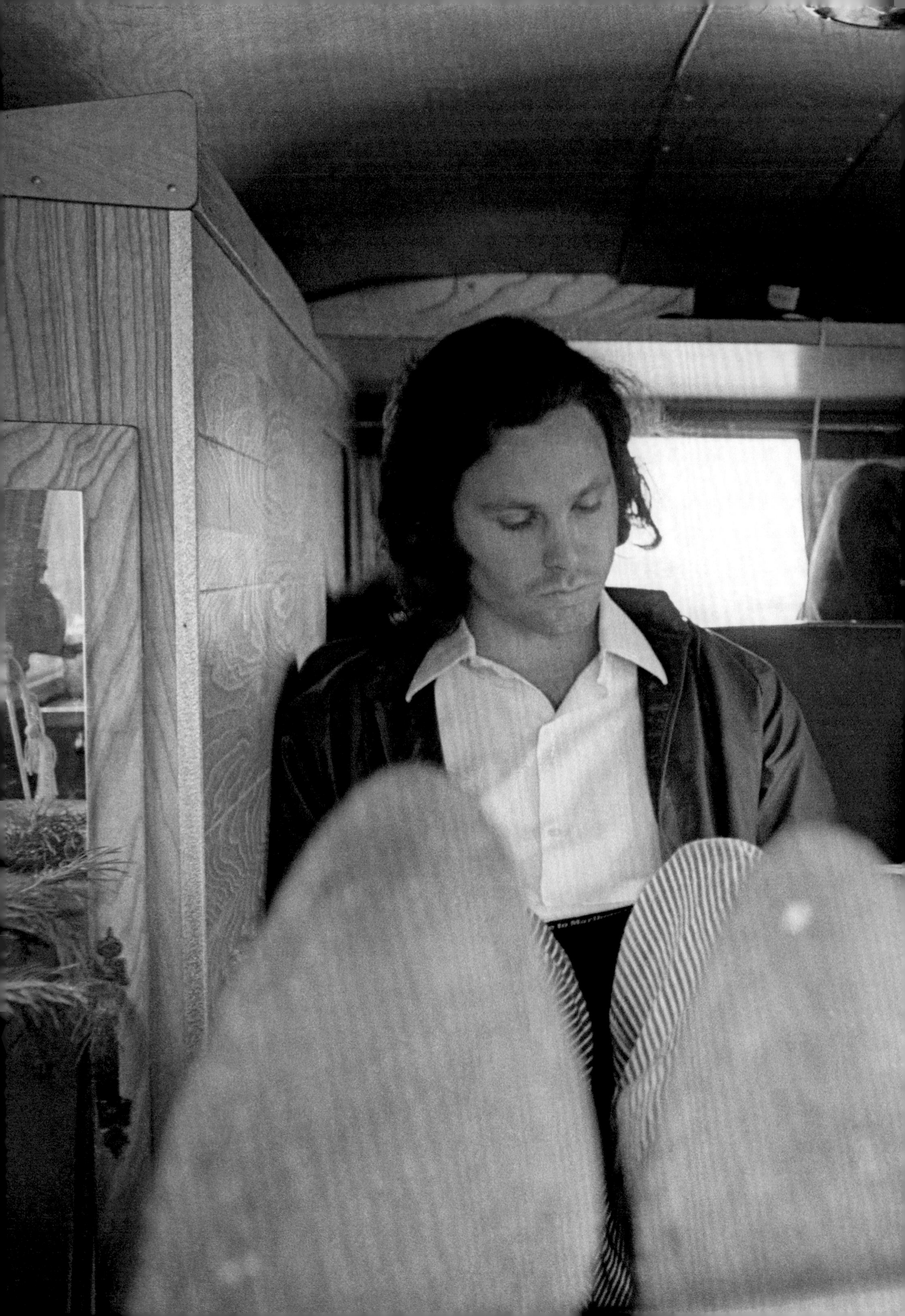

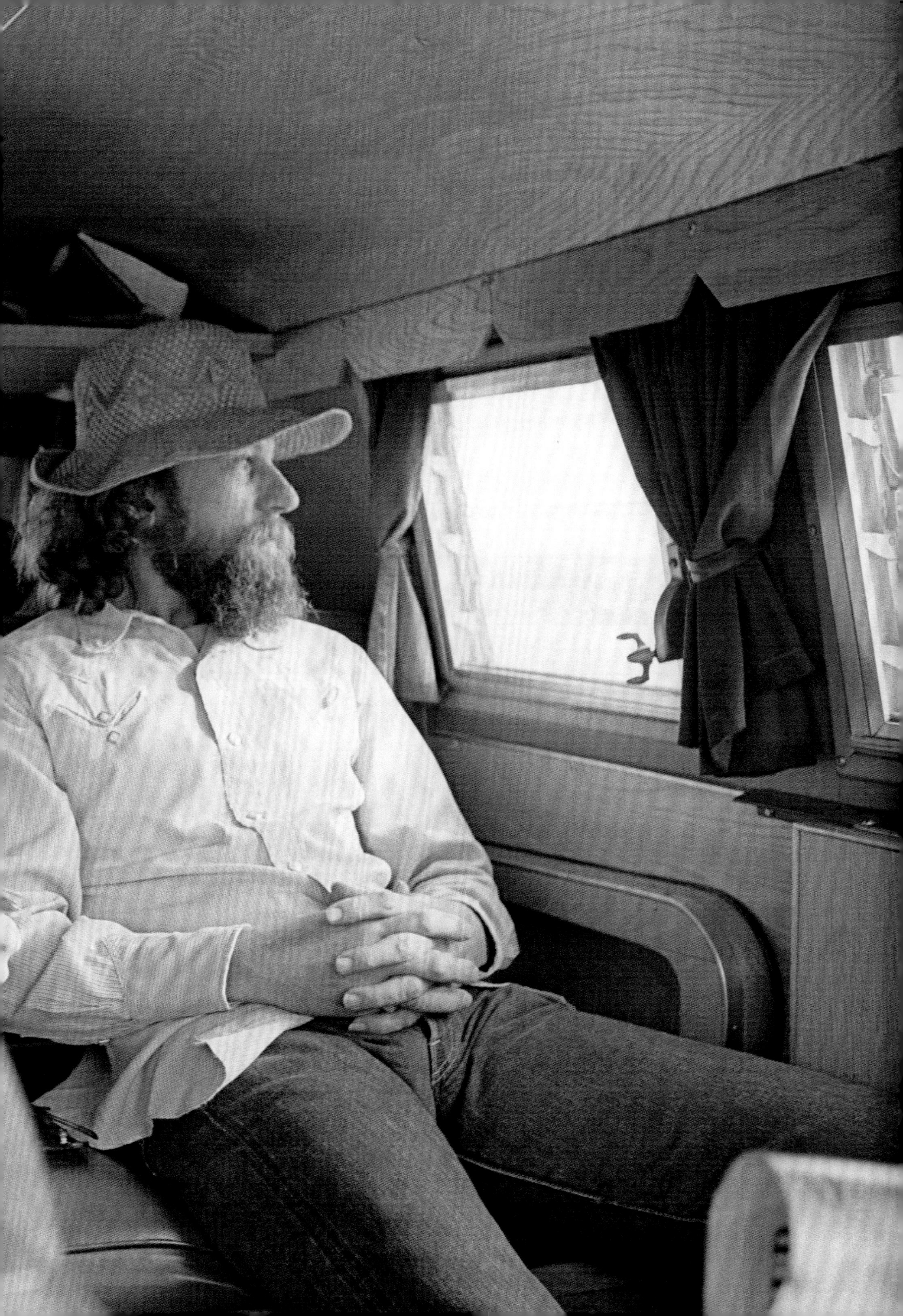

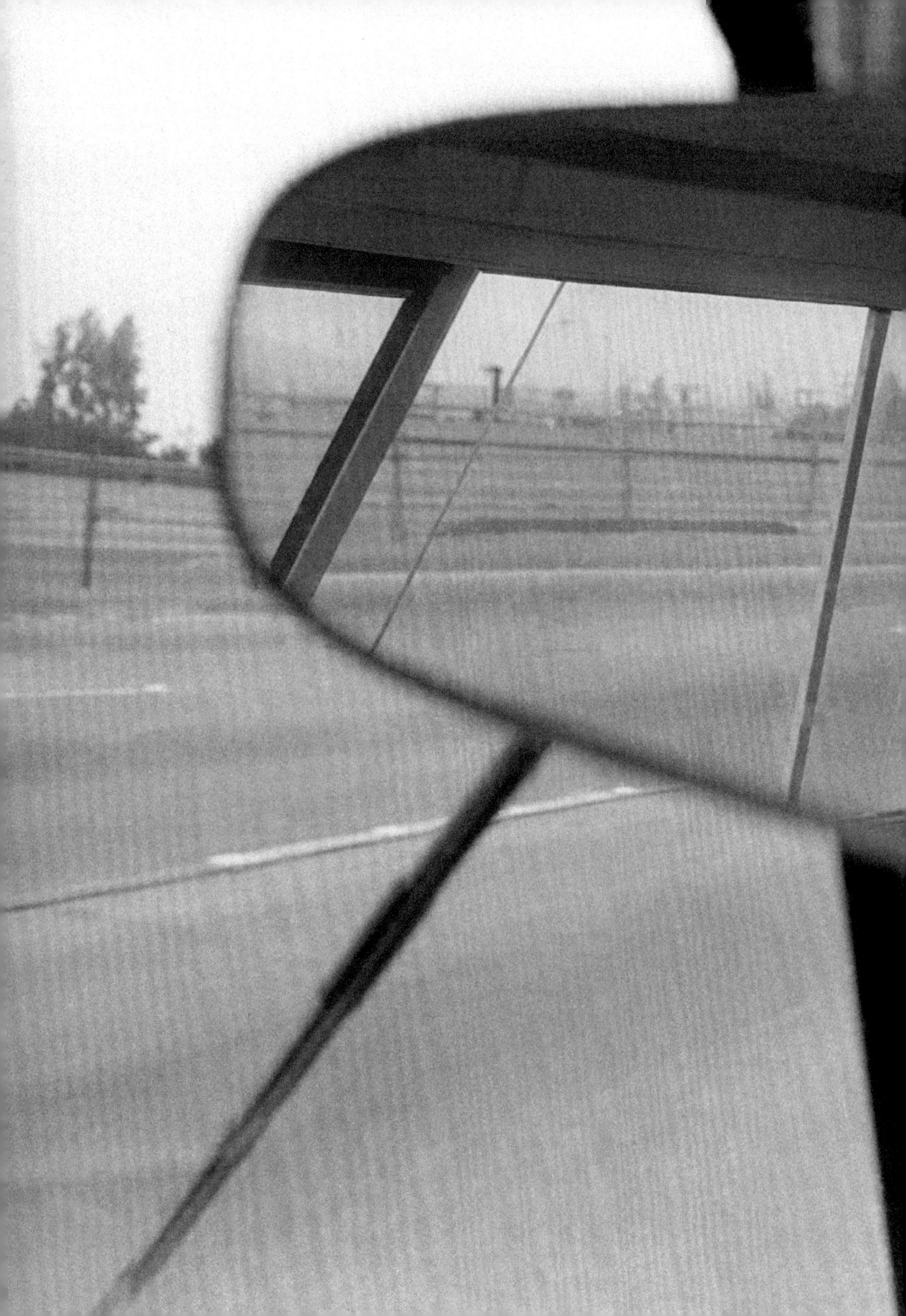

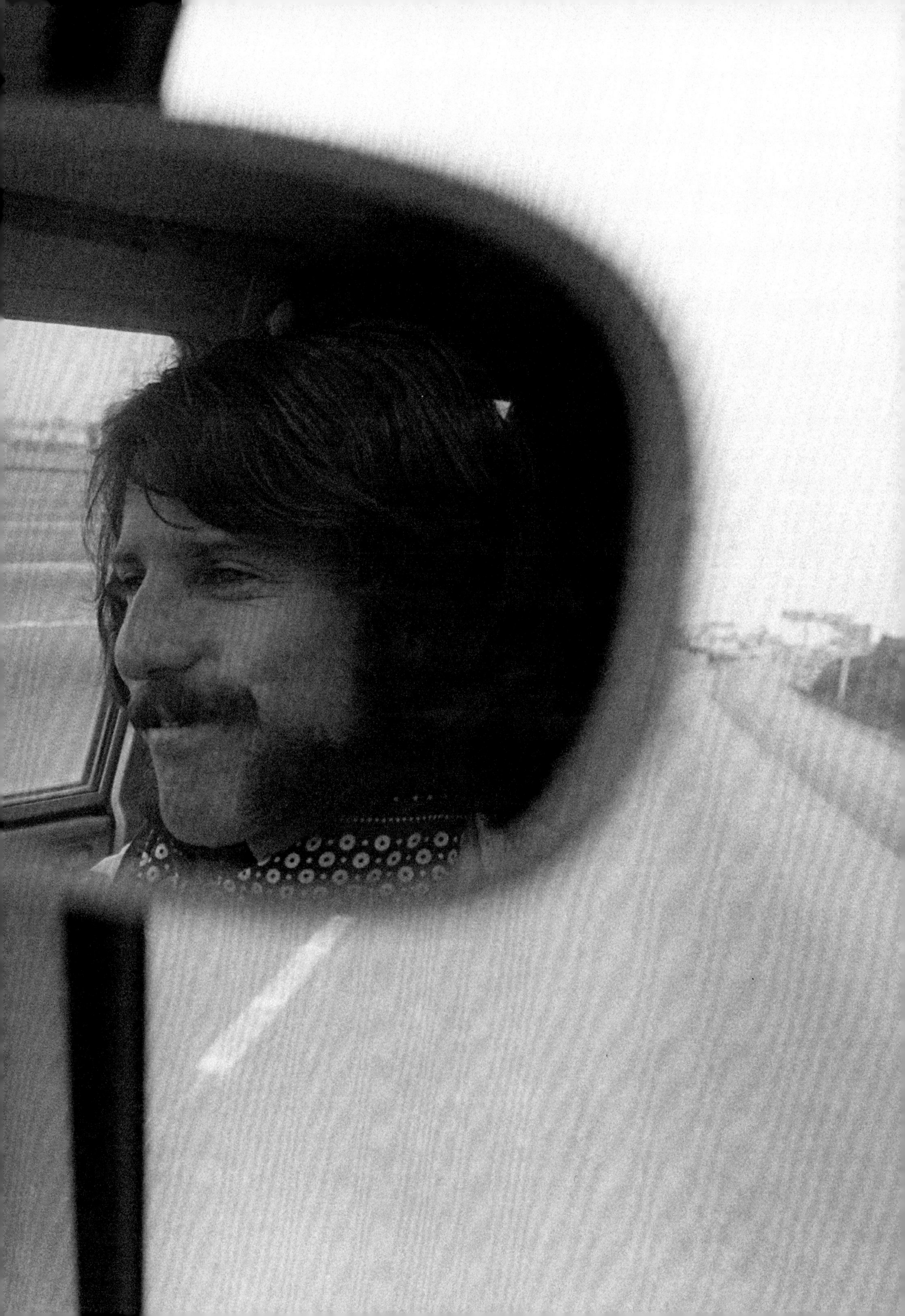

Chinese Times, 1969

(fotos ao lado e das páginas 35 a 39)

Na vitrine de uma loja, vimos um jornal *Chinese Times* colado no vidro. Pedi que Jim parasse um instante em frente a ela. Ele hesitou por um momento, até que alguém, provavelmente Ray, disse alguma coisa engraçada, que o fez sorrir.

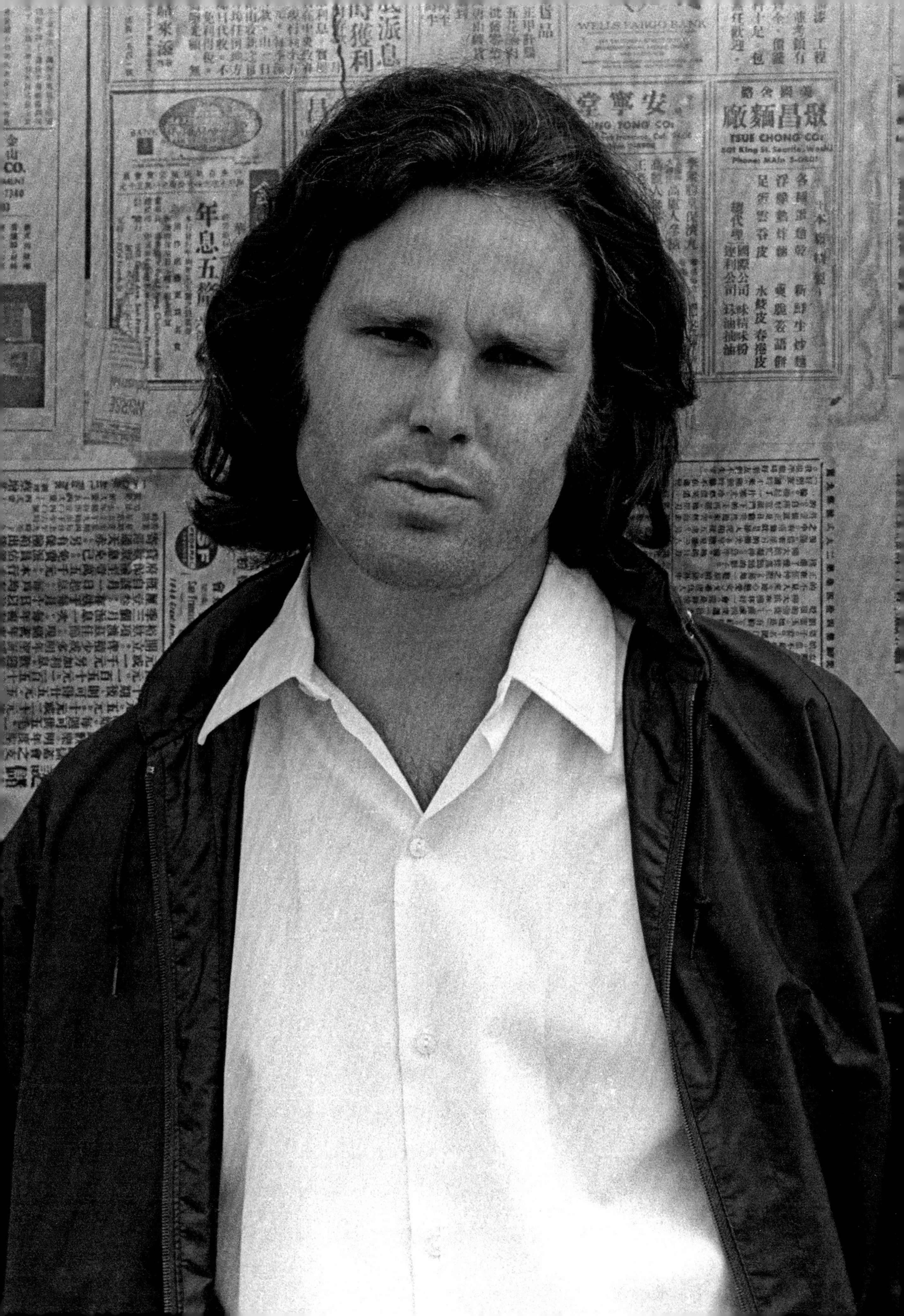
WELLS FARGO BANK
TSUE CHONG CO.

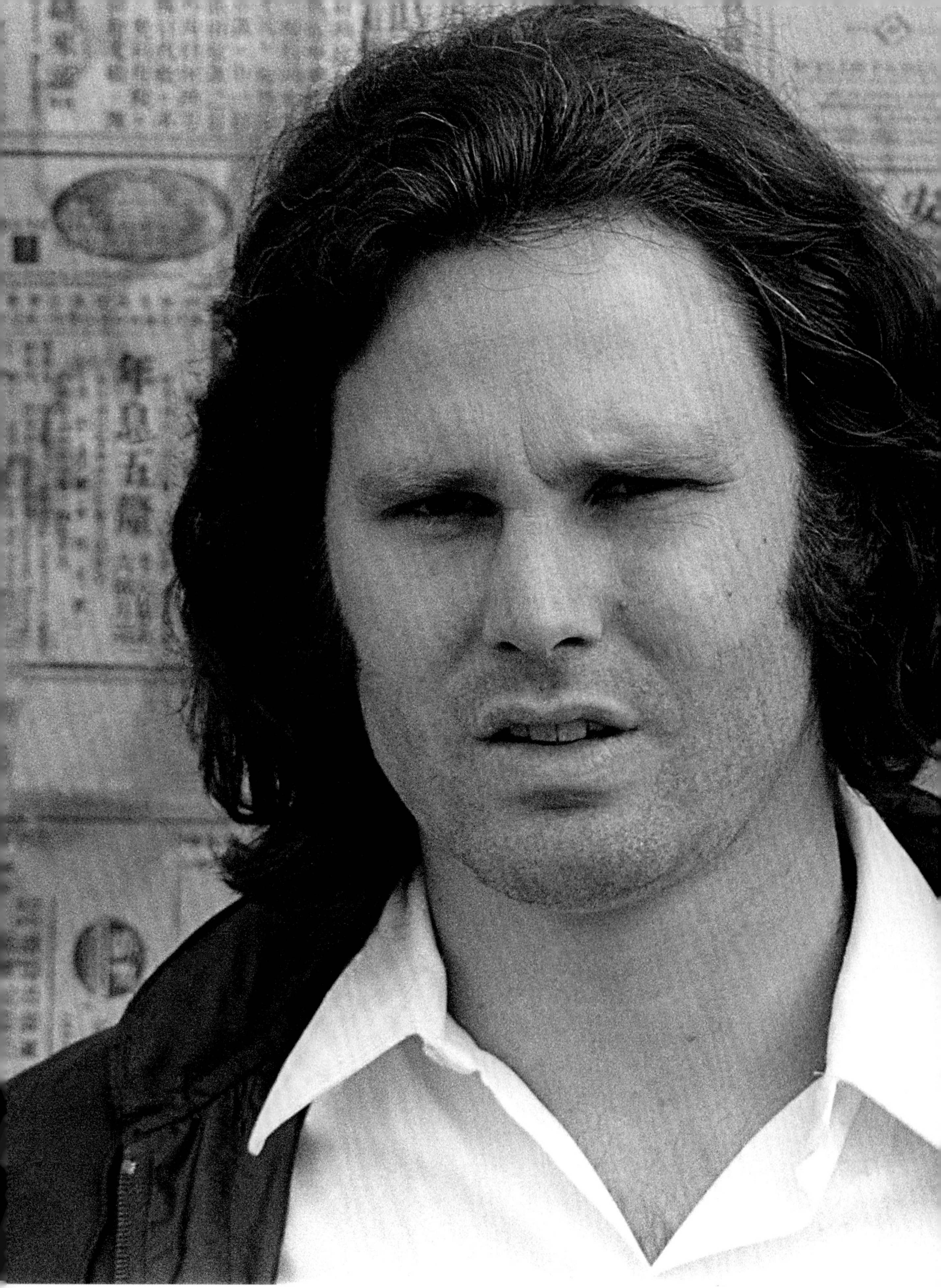

Chinese Times, 1969

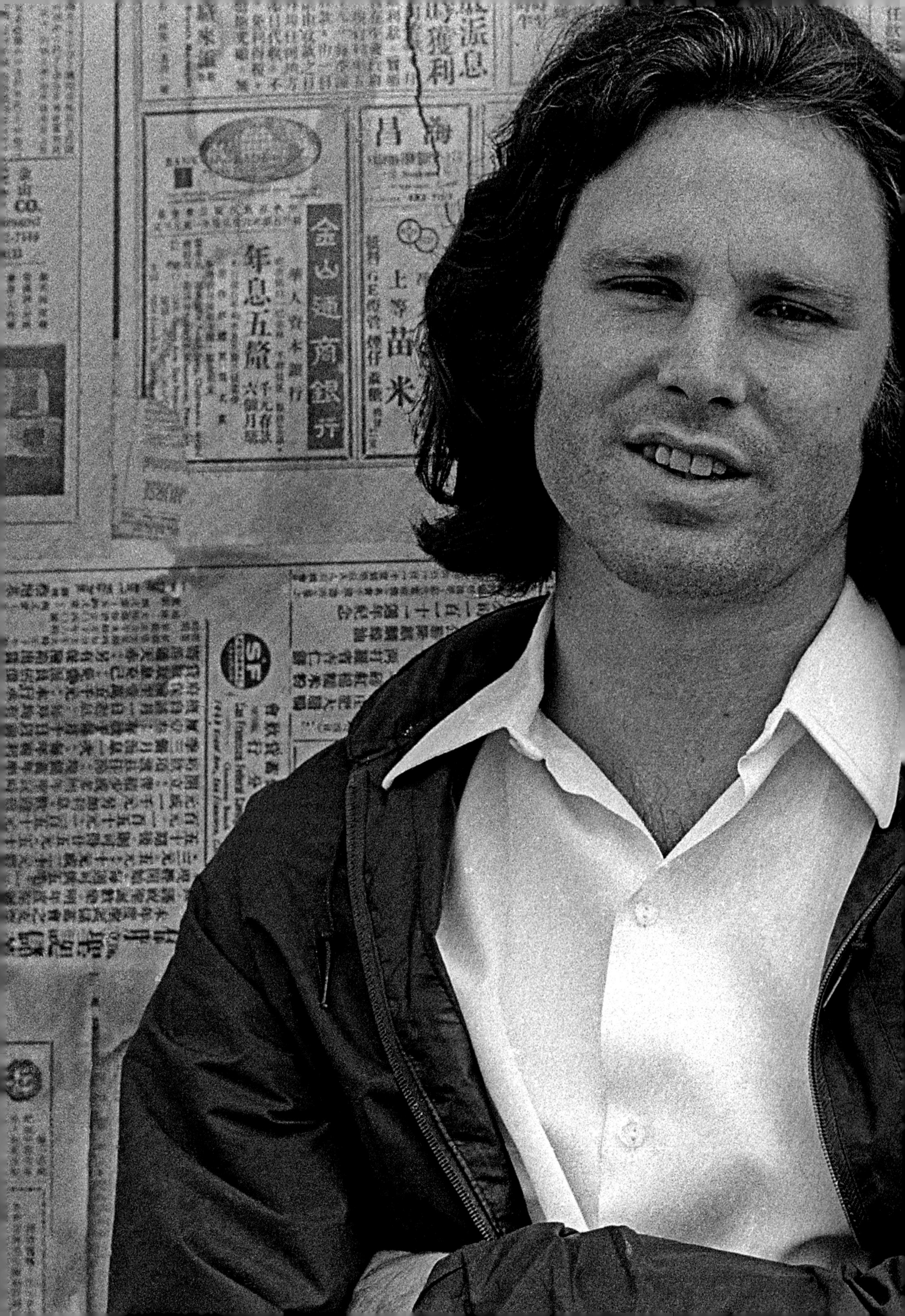
年息五釐
上等
苗米

Chinese Times
金山時報

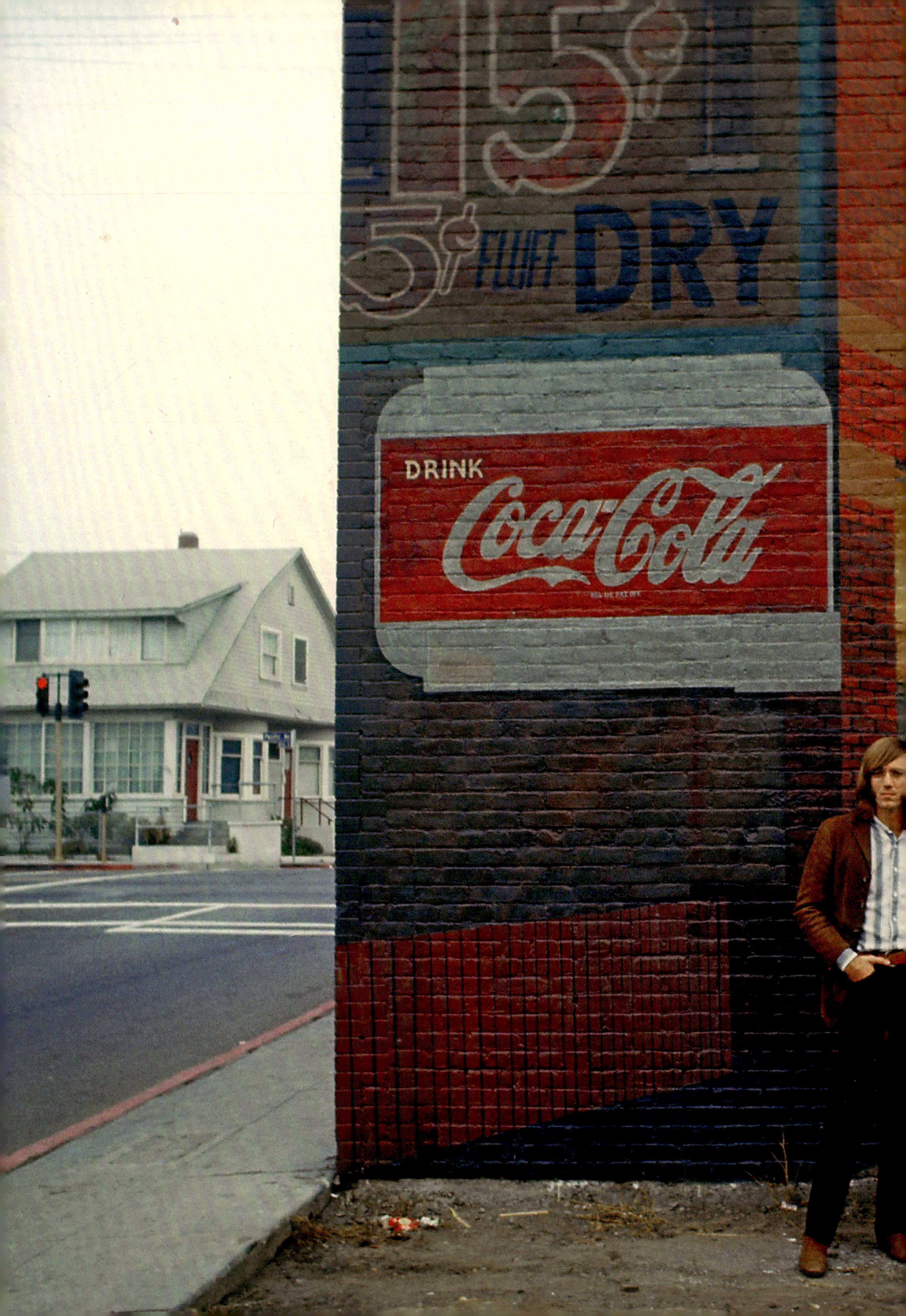
5¢ FLUFF DRY
DRINK
Coca-Cola

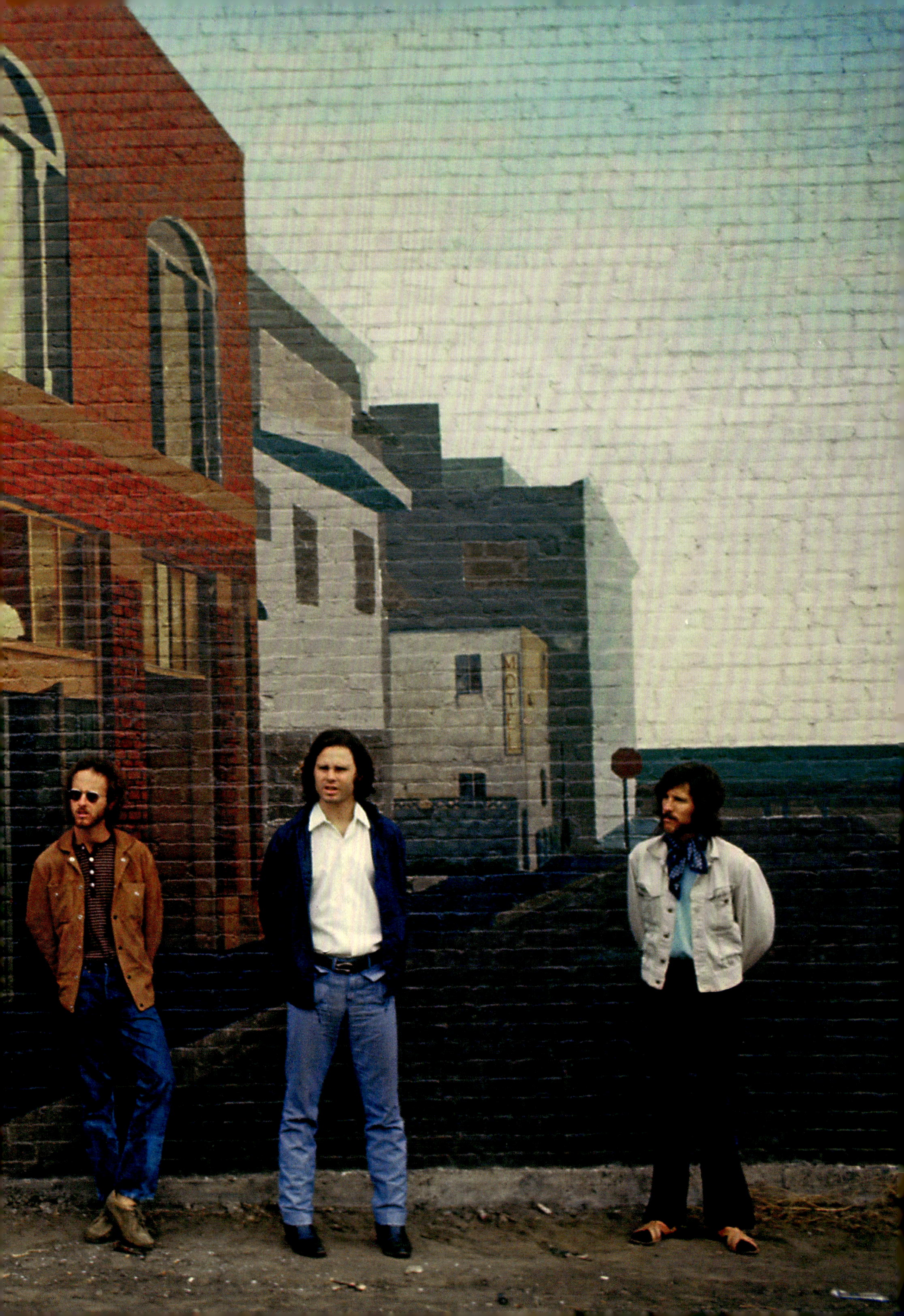
MOTEL

(página 40 e foto ao lado)

Nós nos deparamos por acaso com essa pintura na parede. Ray disse que ela o fazia se lembrar do pintor surrealista Giorgio de Chirico, porque era "uma abstração de Venice na realidade de Venice".

Hoje a parede não existe mais. Há um prédio no lugar do terreno baldio onde estas fotos foram tiradas.

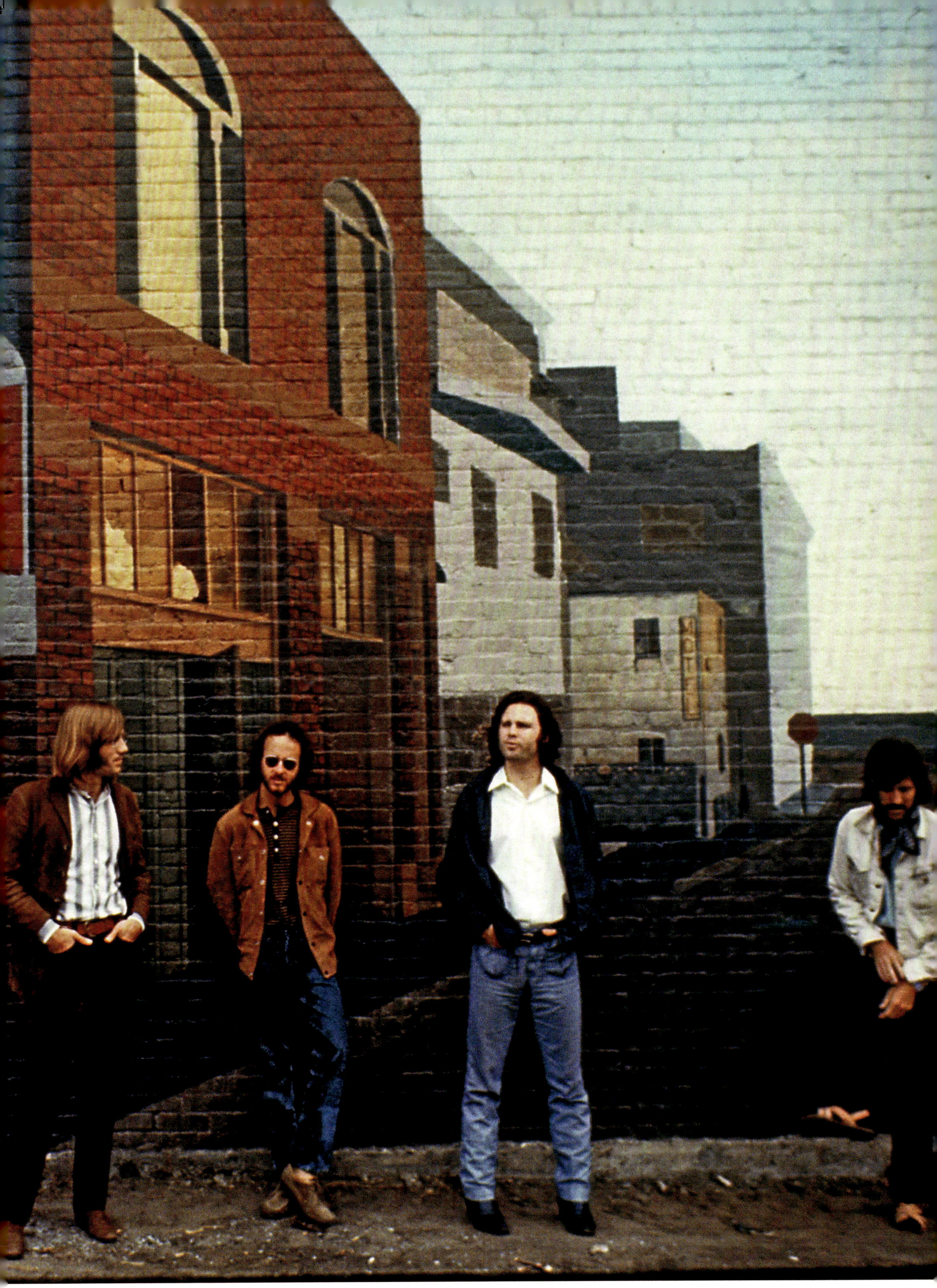

44

45

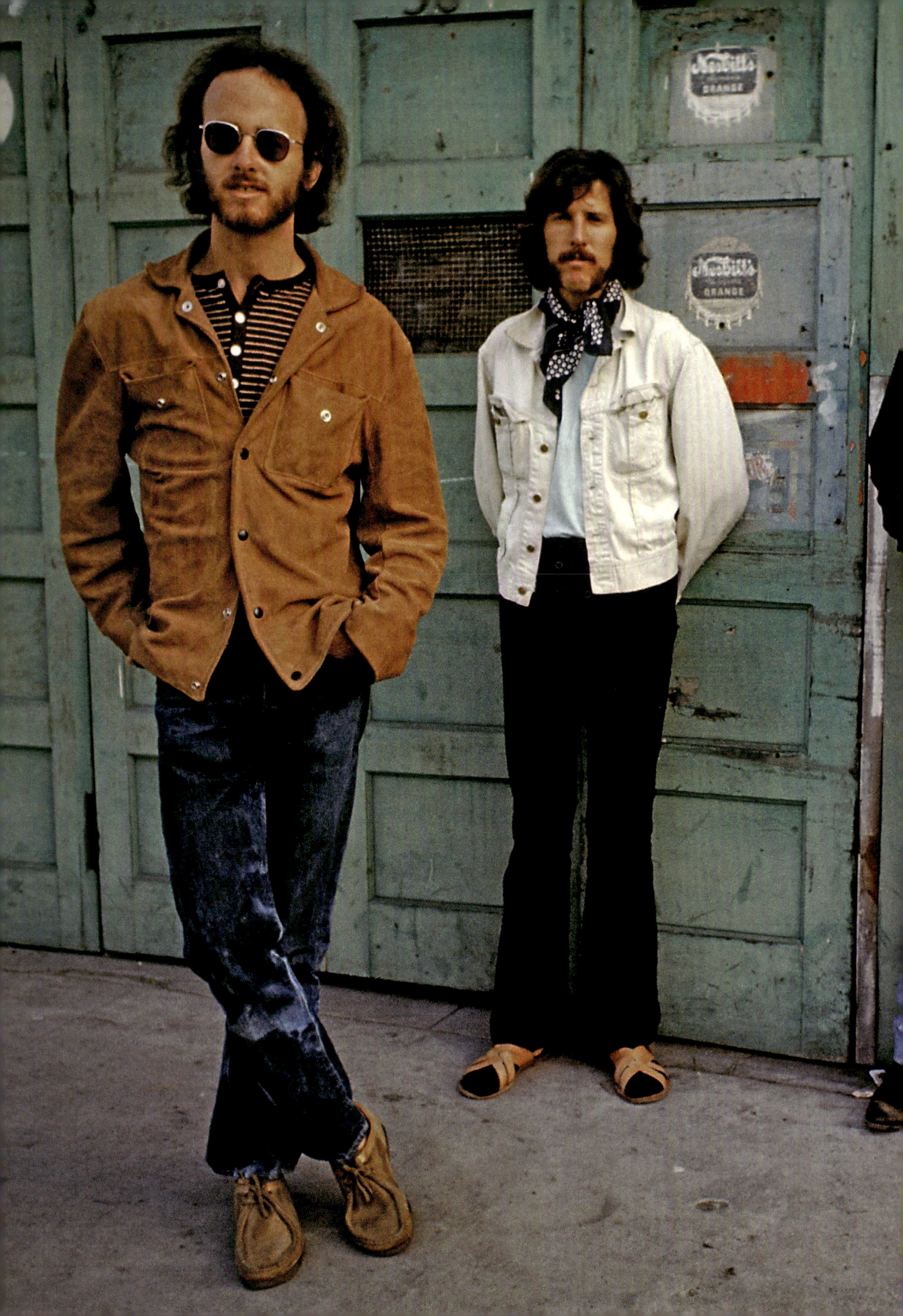
ORANGE
ORANGE

I THINK I
KNOW
THE REASON BUT
I CANT SPELL IT

(Foto ao lado)

Durante nosso passeio, paramos diante dessa porta de garagem de madeira verde, e nela estava escrito com giz: "Acho que conheço a razão, mas não consigo expressá-la". Isso me lembrou da "viagem de ácido" de uma certa pessoa, e parei para tirar uma foto. Então, pensei que uma série de portas verdes era o pano de fundo ideal para uma banda chamada The Doors. Pedi que ficassem ali por alguns instantes, e eles resolveram me atender.

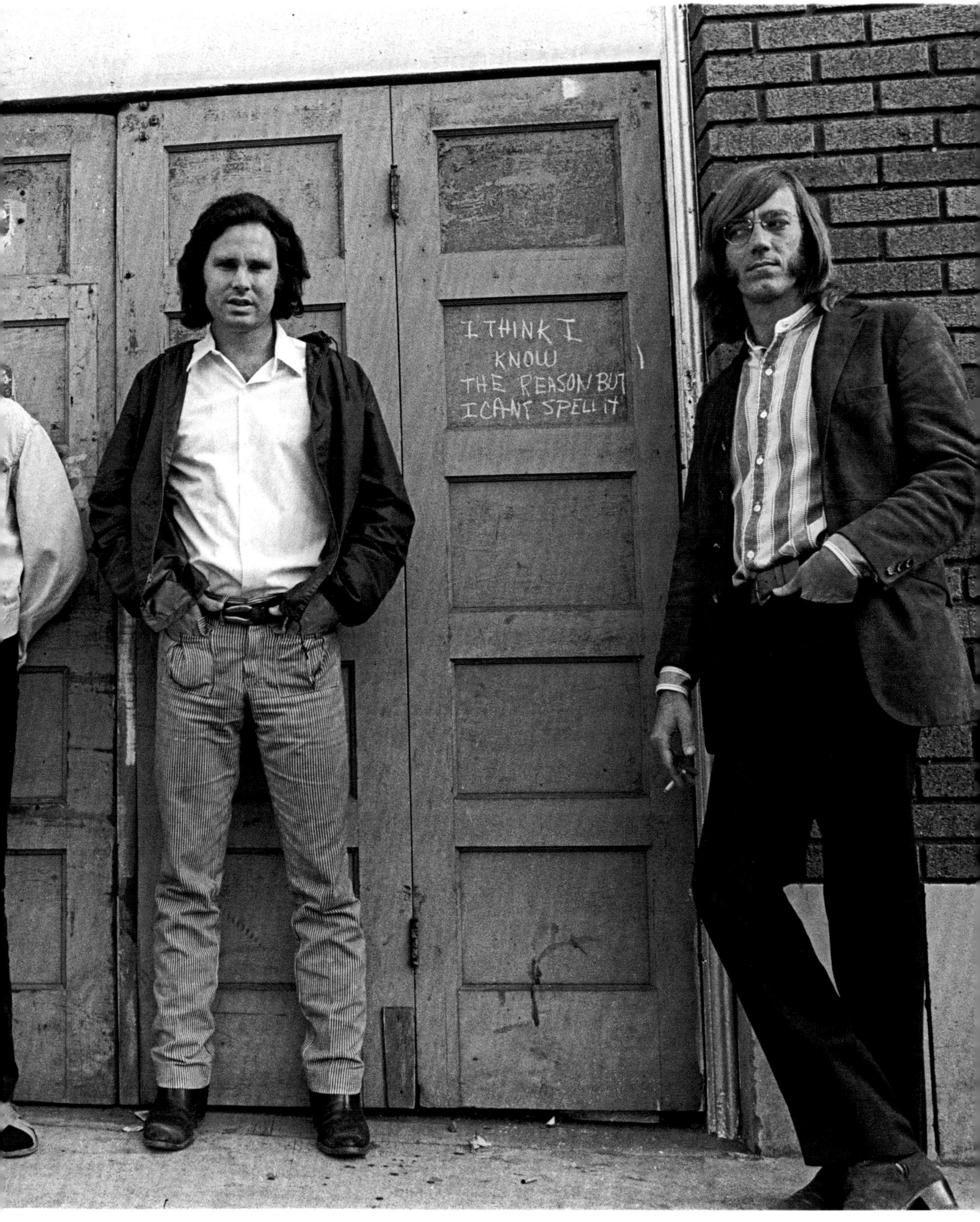
I THINK I
KNOW
THE REASON BUT
I CANT SPELL IT

50

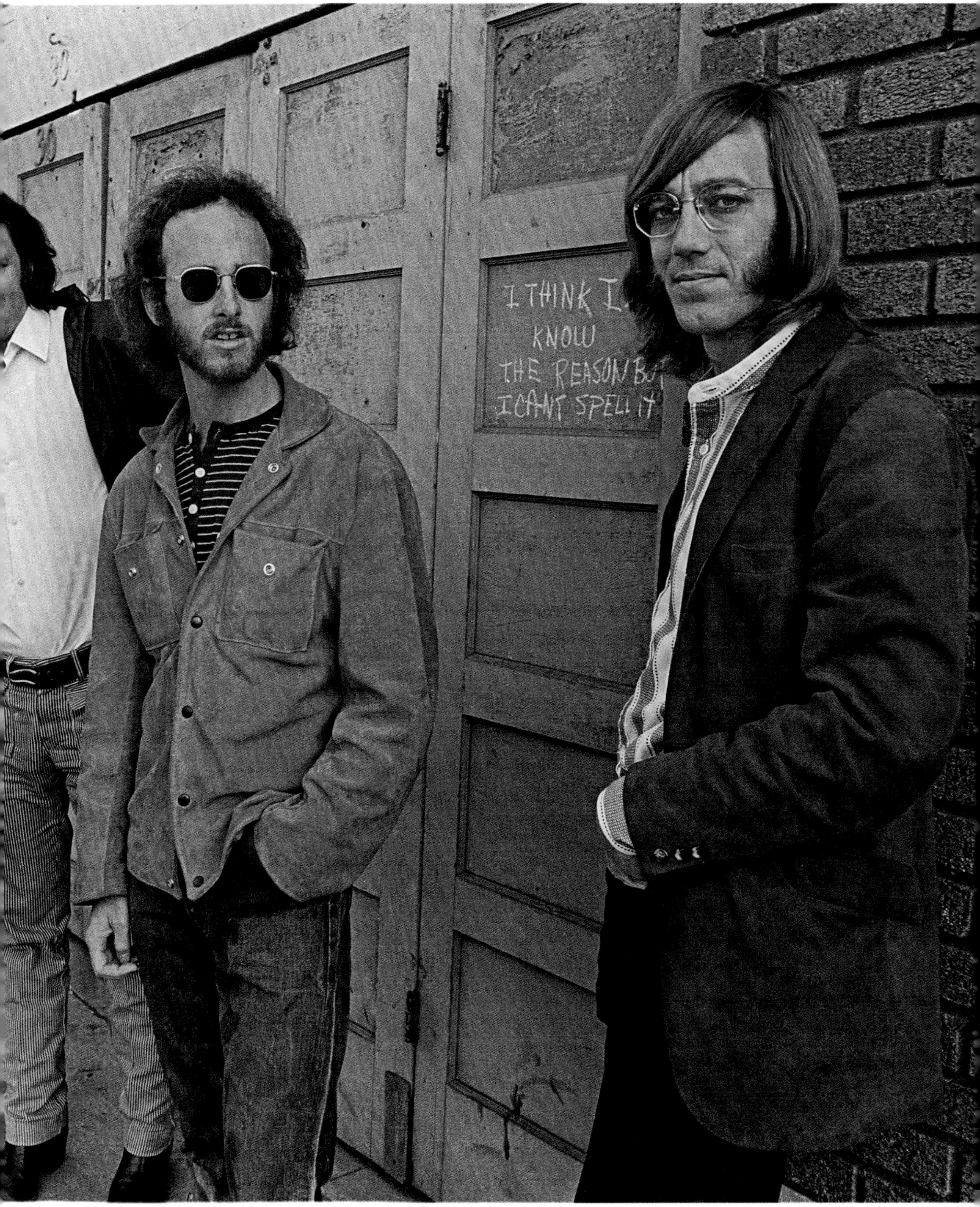
I THINK I
KNOW
THE REASON BU
ICANT SPELL IT

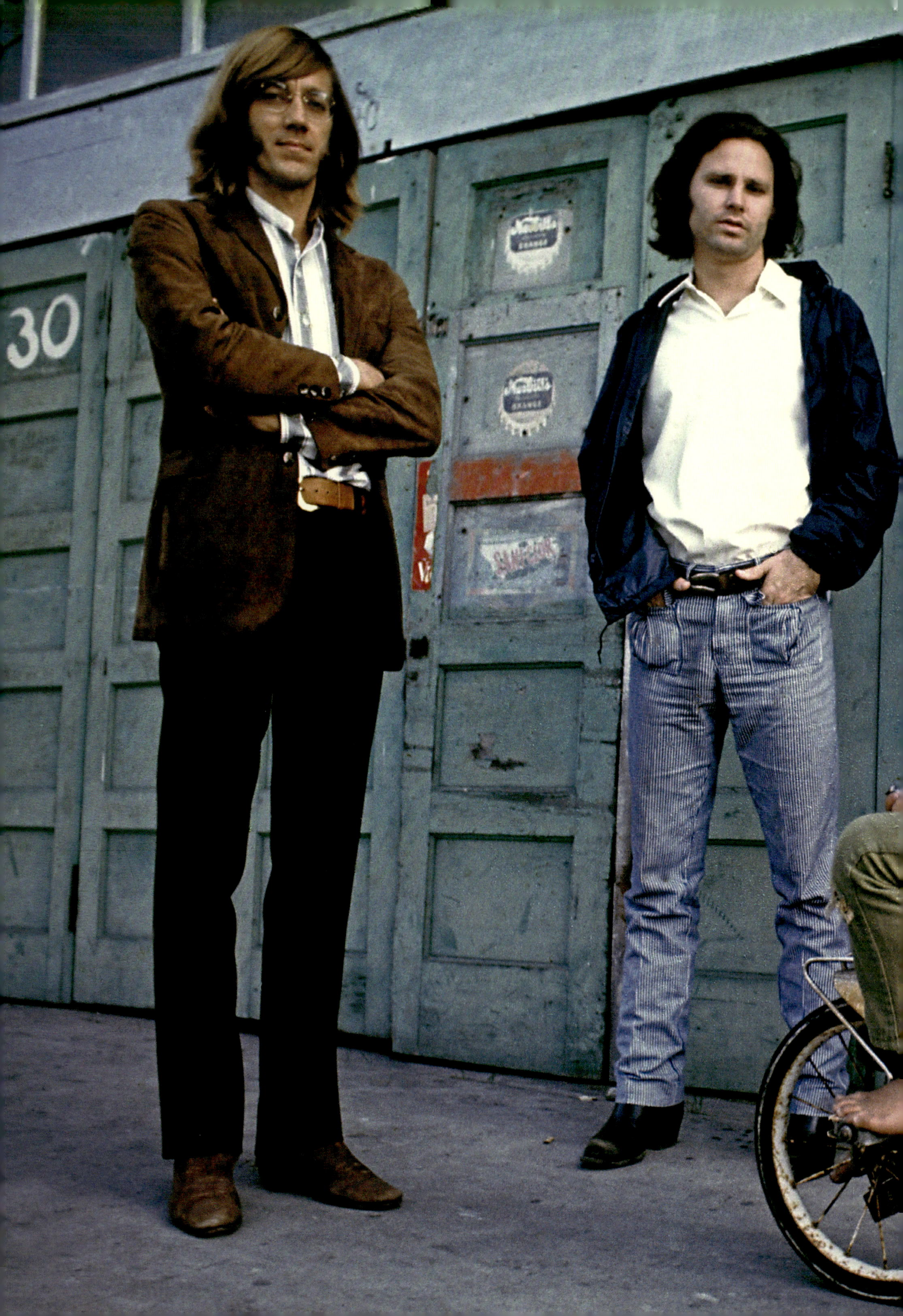
30

HINK I
NOW
REASON BUT
NT SPELL IT

Como permanecemos muito tempo ali, duas senhoras idosas passaram diante de nós. Em seguida, um garotinho de origem latina chegou em um triciclo e posou para algumas fotos com a banda. Com certeza, o garoto não sabia quem eles eram, assim como nós também não o conhecíamos. Ele não disse uma palavra. Hoje deve ter uns 50 anos.

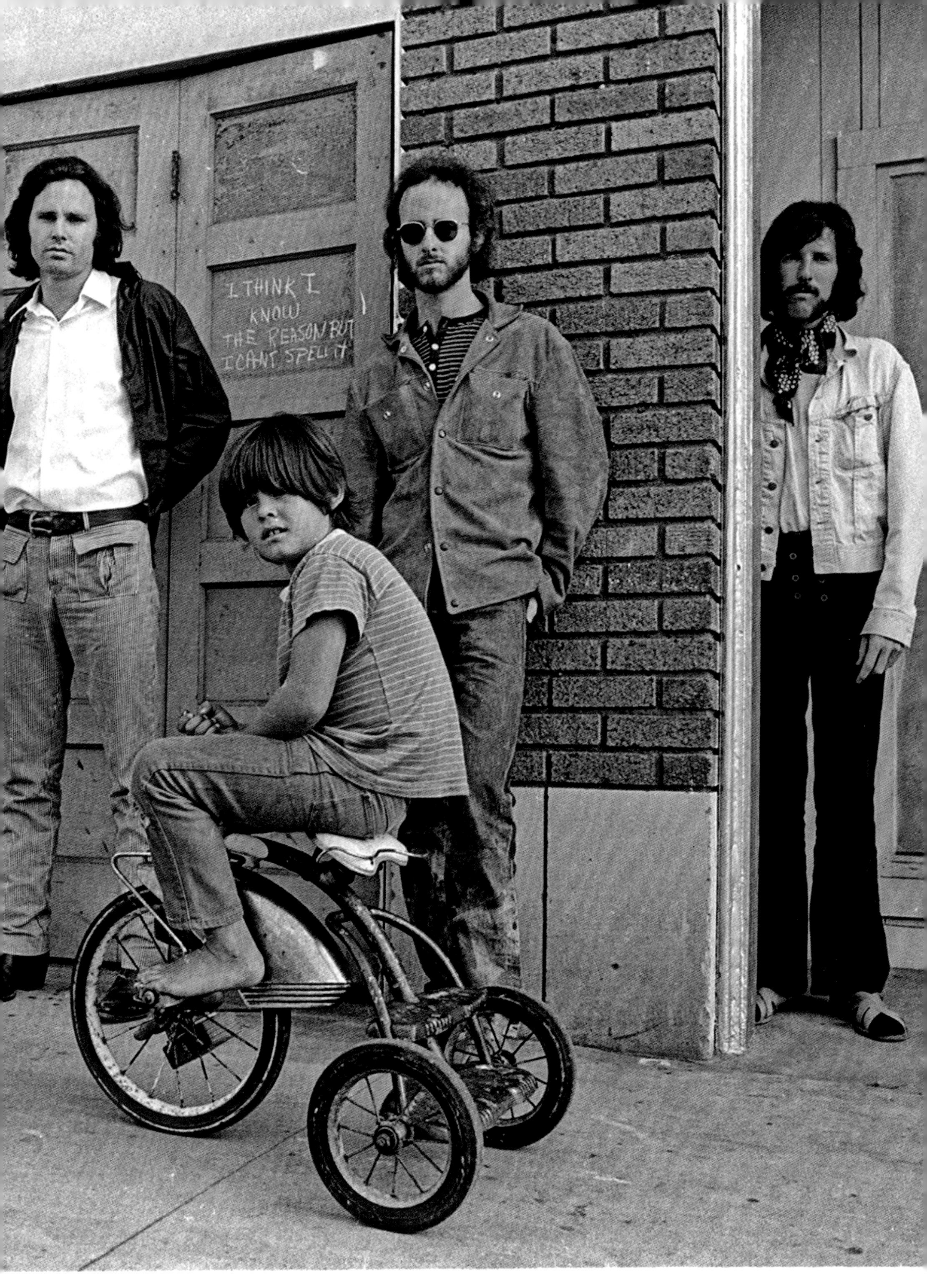
I THINK I
KNOW
THE REASON BUT
I CANT SPELL IT

Venice Beach, 1969

(Fotos ao lado e das páginas 56 a 63)

Nesta viagem para Venice Beach, nosso objetivo era tirar as fotos que seriam utilizadas para a publicidade e a promoção do novo álbum dos Doors. Estacionamos a van a algumas quadras da praia e caminhamos pela calçada para chegar a ela. No caminho, tivemos várias oportunidades de parar para fotografar. Era fácil trabalhar com eles, porque estavam sempre prontos a experimentar novas ideias; afinal, essas fotos seriam utilizadas por eles mesmos. Gary falava com eles e os distraía enquanto eu os fotografava. Como Gary sempre diz: "Não é o filme o que custa mais caro".

Era um fim de semana cinza de dezembro e havia poucas pessoas na praia. Caminhávamos para o norte, pela calçada ao lado da areia, em direção ao píer de Venice.

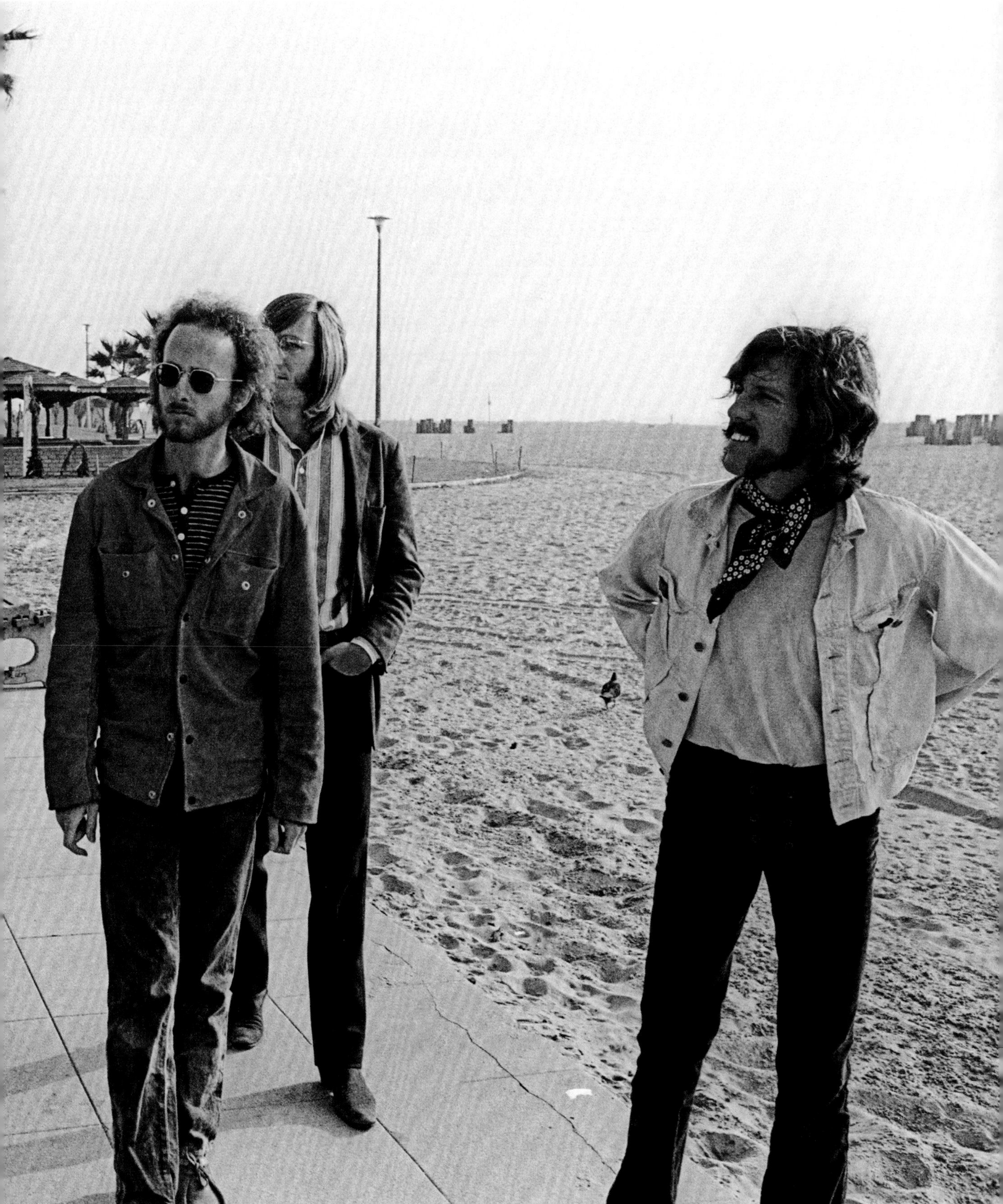

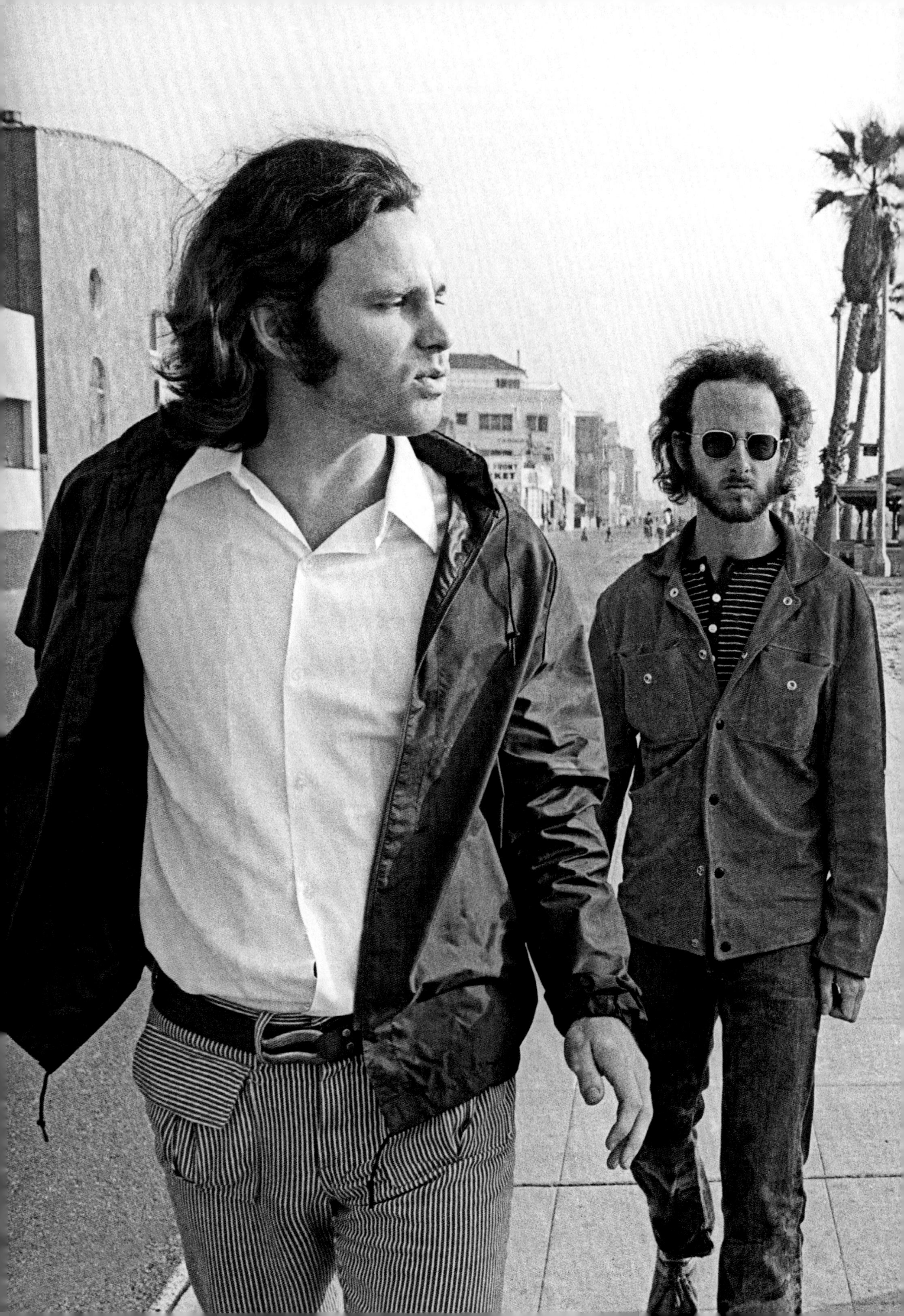

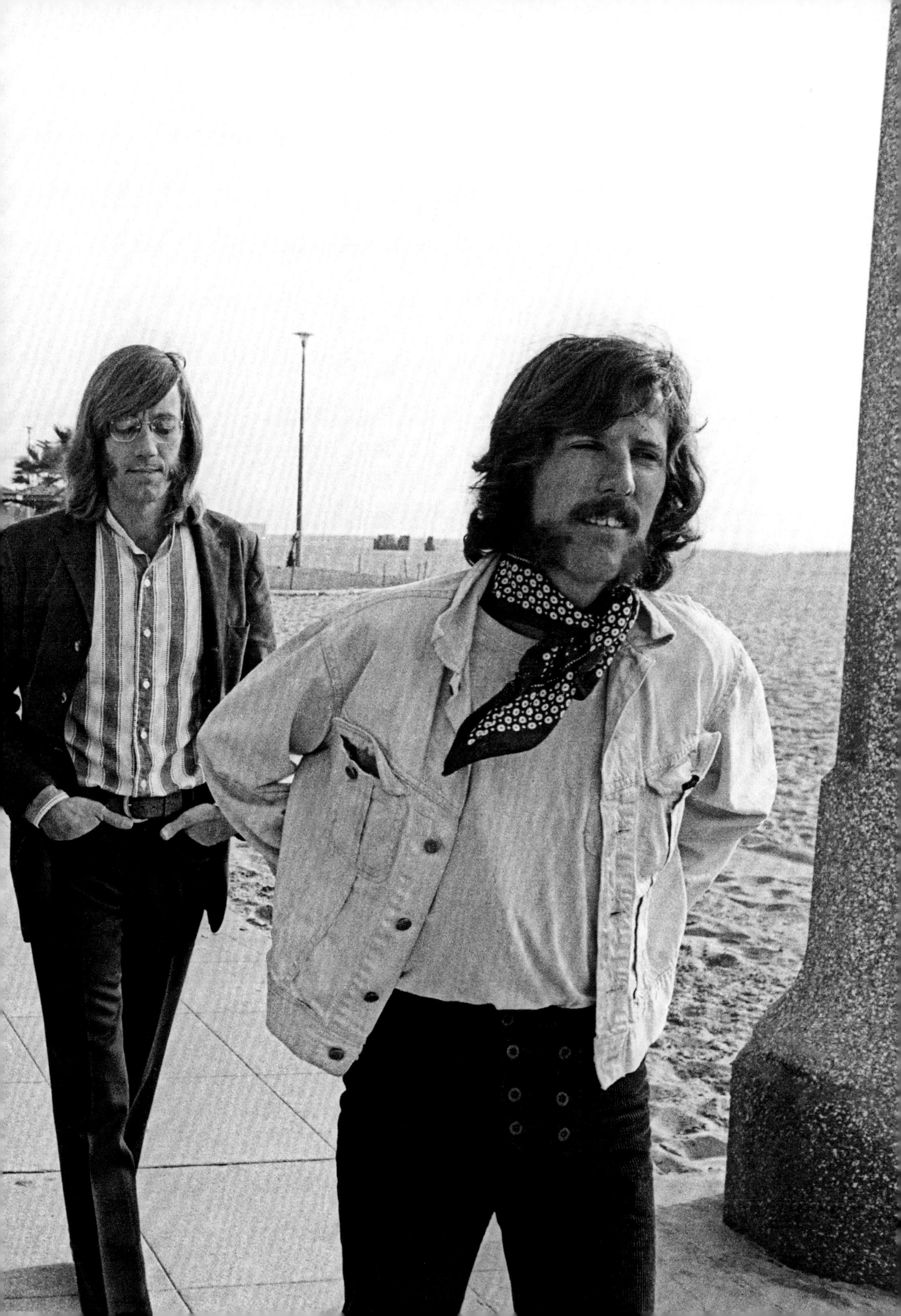

Esta praia que finalmente percorríamos era a mesma na qual, muitos anos antes, Jim e Ray se encontraram por acaso depois de terem se conhecido em uma aula de cinema. Ray contou que estava sentado na areia em uma tarde de verão, quando percebeu que Jim caminhava em sua direção. Ele o chamou, e eles se reencontraram de maneira espontânea.

Ray perguntou: "O que você andou fazendo durante todo esse tempo?". E Jim respondeu: "Escrevendo poesia". Então Jim começou a recitar um poema: "Let's swimm to the moon, let's climb through the tide, penetrate the evening that the city sleeps to hide".* Ray disse que seus dedos podiam sentir os acordes acompanhando as palavras. Esse foi o início dos DOORS... Exatamente nesta mesma praia.

---

*N.T.: "Vamos nadar até a lua, vamos a maré galgar, penetrar o anoitecer em que a cidade dorme para se ocultar (tradução livre).

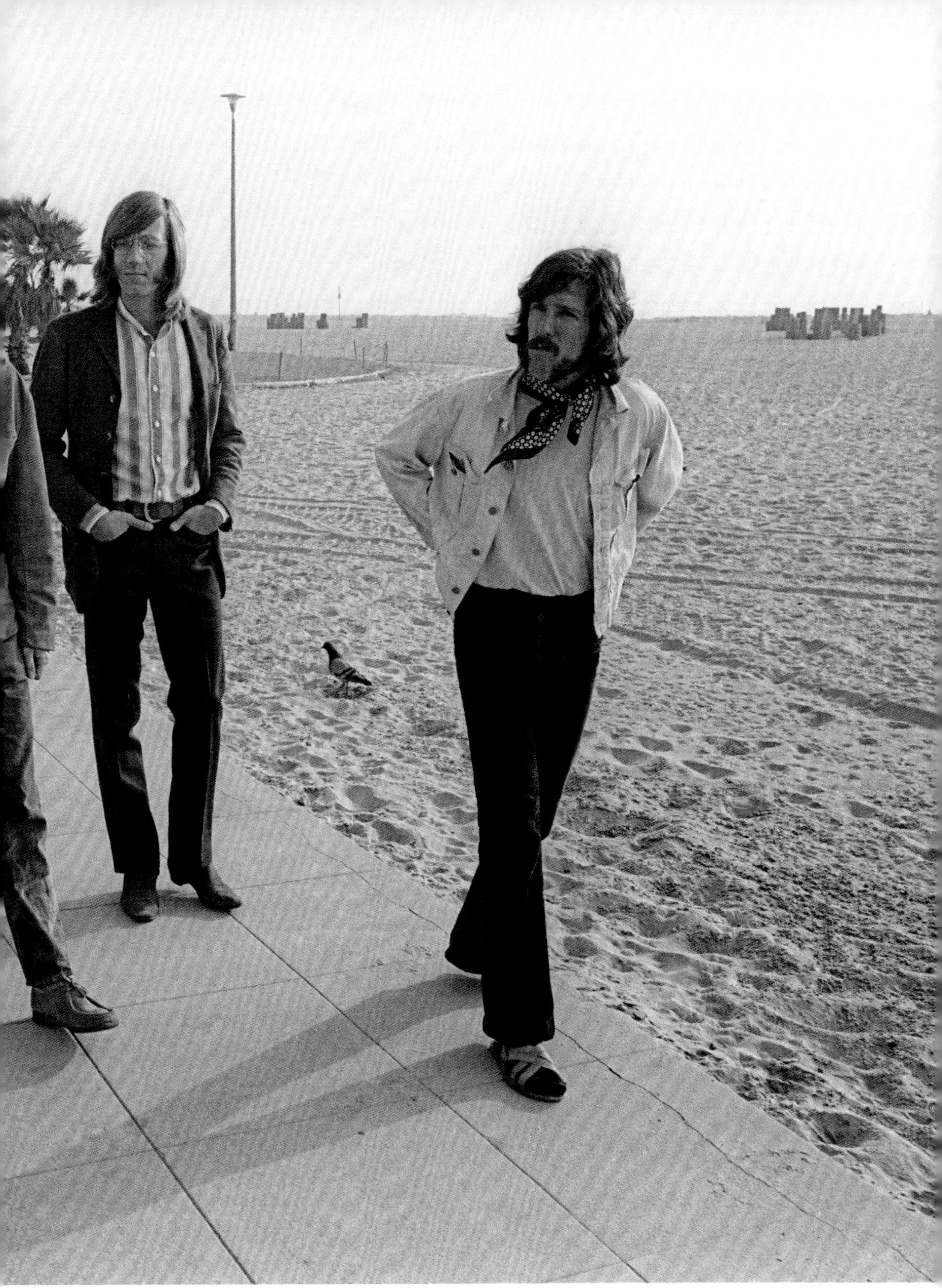

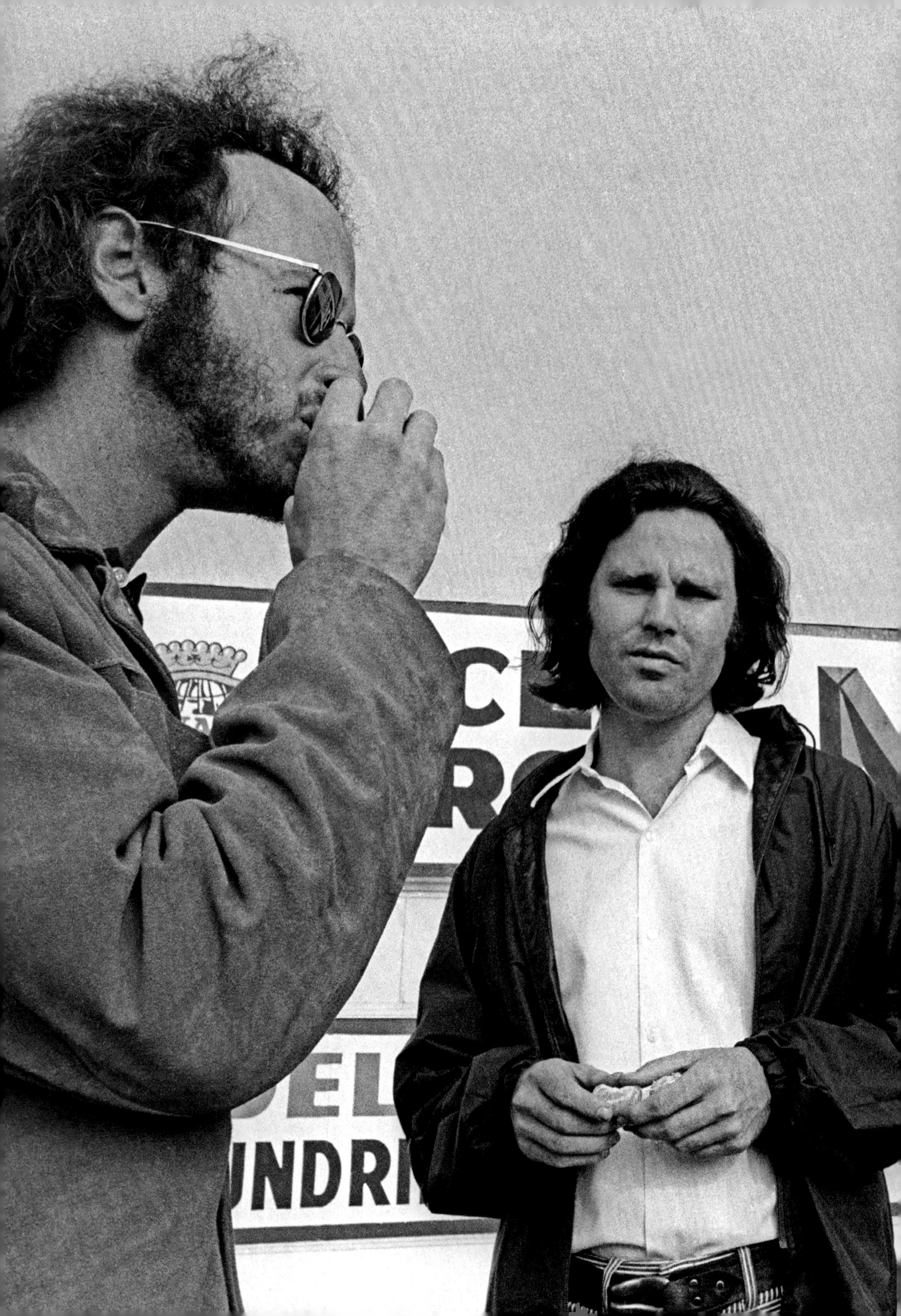

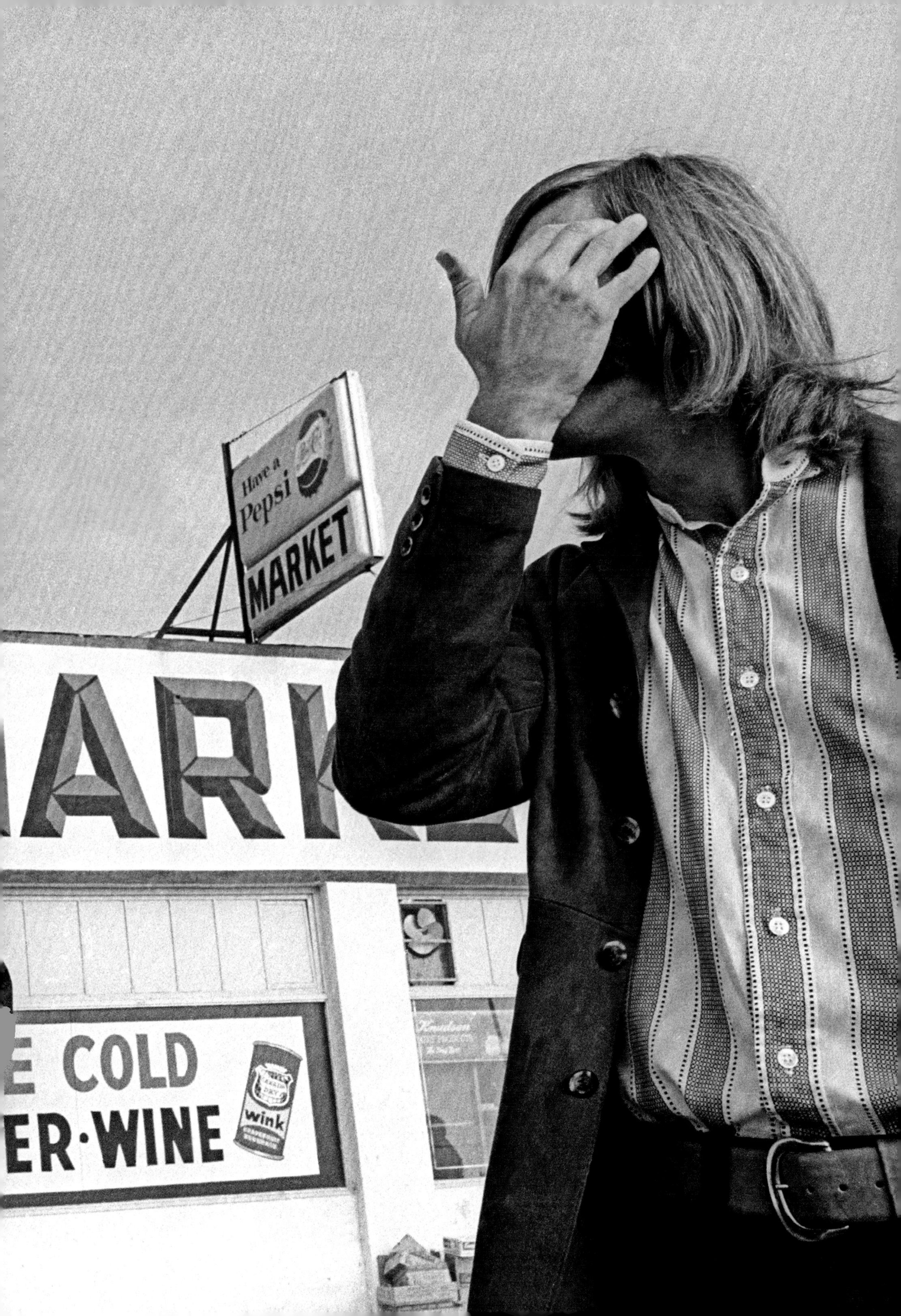
Have a Pepsi
MARKET
ARK
E COLD
ER·WINE
wink

(Páginas ao lado e 60-67)

Nesse dia, enquanto caminhávamos pela praia, não tínhamos uma ideia exata a respeito do estilo ou do gênero das fotos que tiraríamos. Sempre me pareceu preferível deixar-se guiar pela aventura e ver o que acontece. Nós nos dirigíamos para o píer de Venice Beach, que ficava um pouco mais distante e se estendia sobre a água. No caminho, paramos em um parque para crianças, onde havia estruturas metálicas nas quais era possível subir.

Foi ideia dos DOORS que eles se posicionassem a distâncias diferentes da câmera fotográfica. Eu não achava que essas poses pudessem ser aproveitadas, mas as tirava cada vez que eles paravam e me olhavam, apenas para que ficassem contentes.

65

66

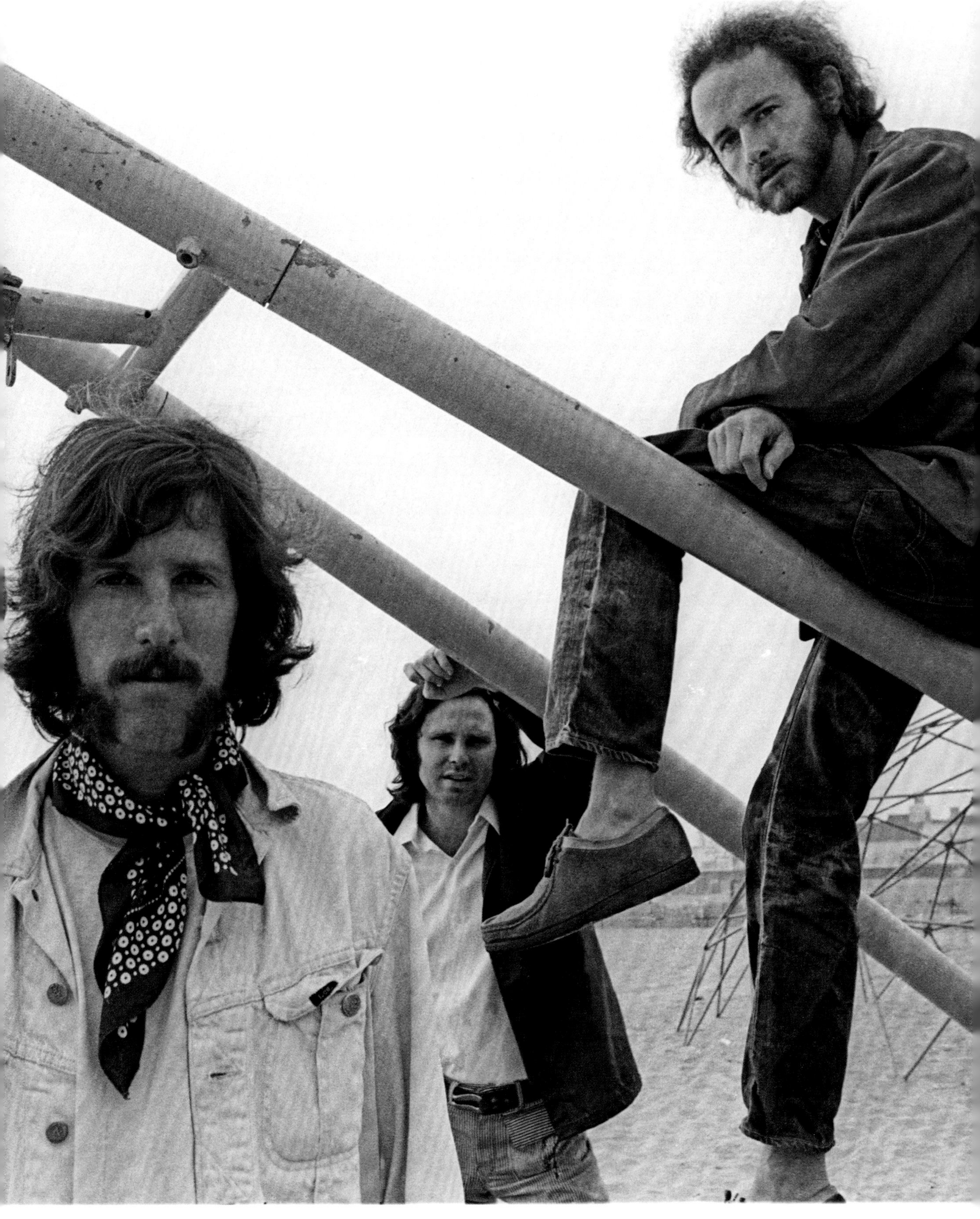

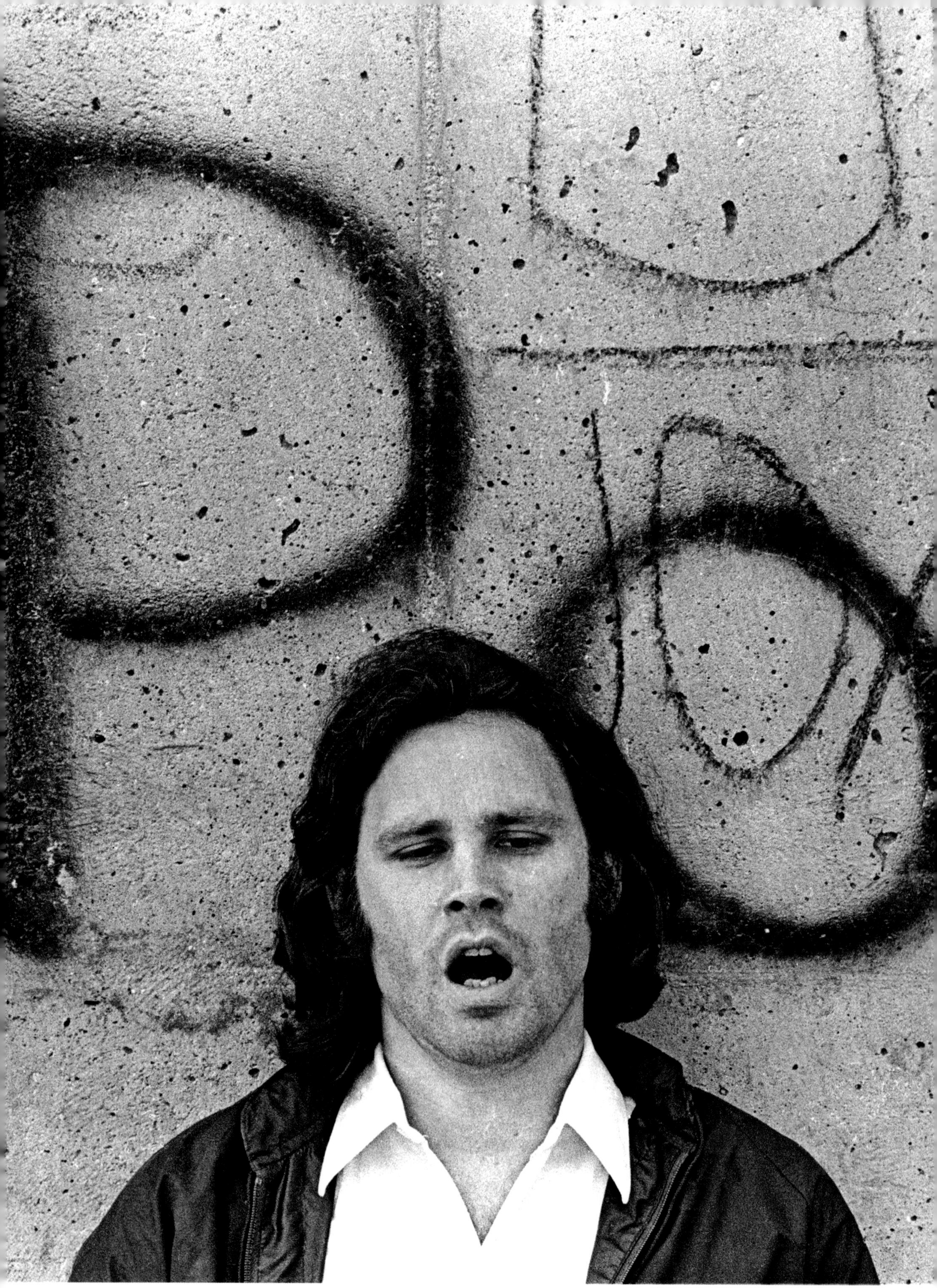

Assim que chegamos ao píer, vimos uma pichação com o nome de nossa erva favorita... *pot* [maconha]! Nesse momento, Jim parou em uma lojinha da praia e comprou uma garrafa de Ripple, um vinho doce e barato, com tampa de rosquear. Ele o levou consigo em um pequeno saco de papel, bebendo-o em pequenos goles enquanto caminhávamos. Em seguida, sentou-se embaixo da pichação "ganja" e passou a garrafa aos outros integrantes da banda.

Fumar maconha era a moda hippie californiana do momento.

A maioria dos músicos fumava maconha, erva ou "erva de deus"... seja como for, 95% das pessoas que eu conhecia. Fumávamos para desenvolver nossos sentidos, para abandonar as ideias conservadoras. Isso acrescentou um elemento de aventura àquele dia. Se me lembro bem, fumamos um baseado na van antes de começarmos nossa caminhada. A ideia de andar por aquela praia deserta em uma tarde nublada de repente se tornou mais divertida.

E, agora, era hora de descansar um pouco.

70

71

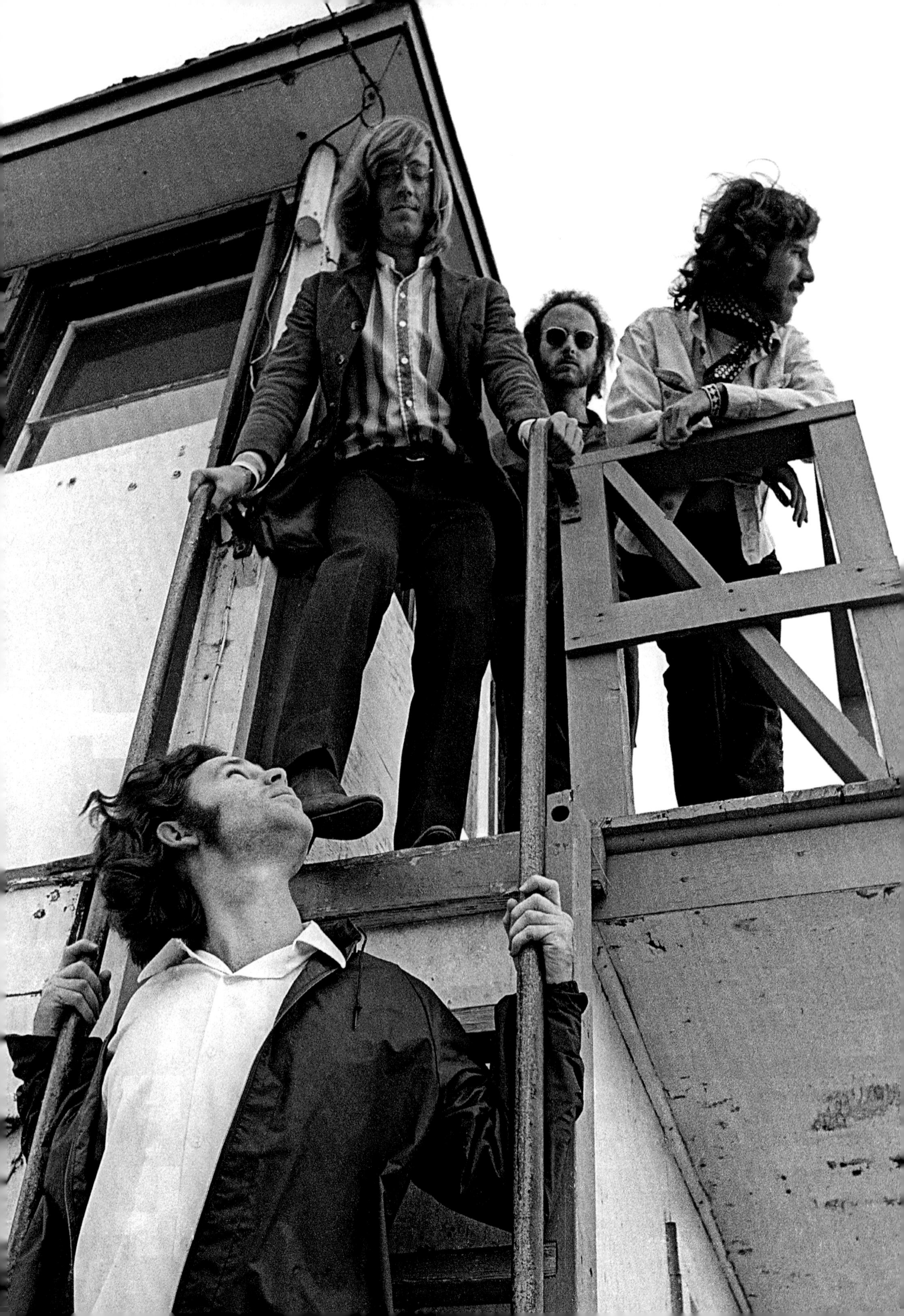

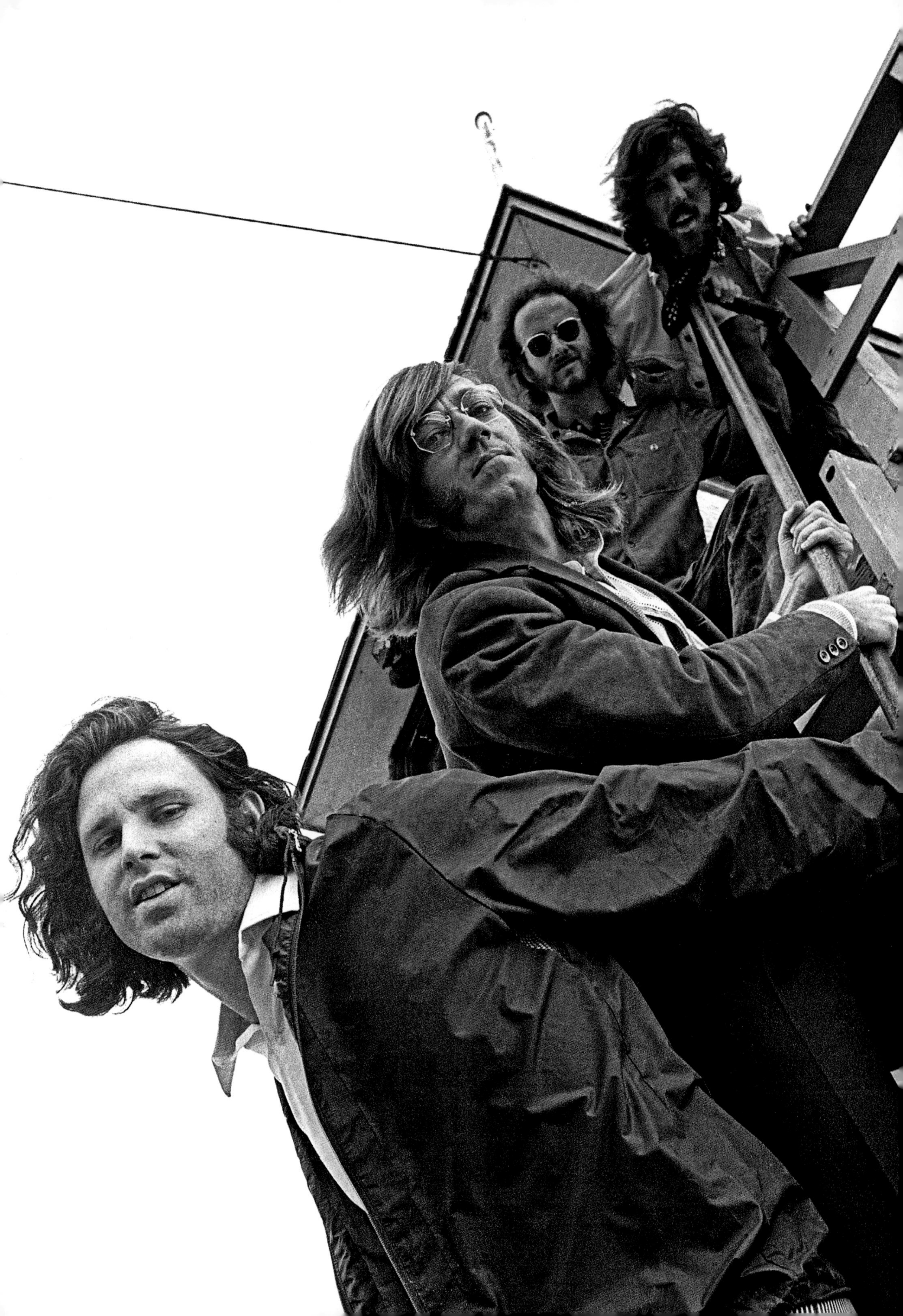

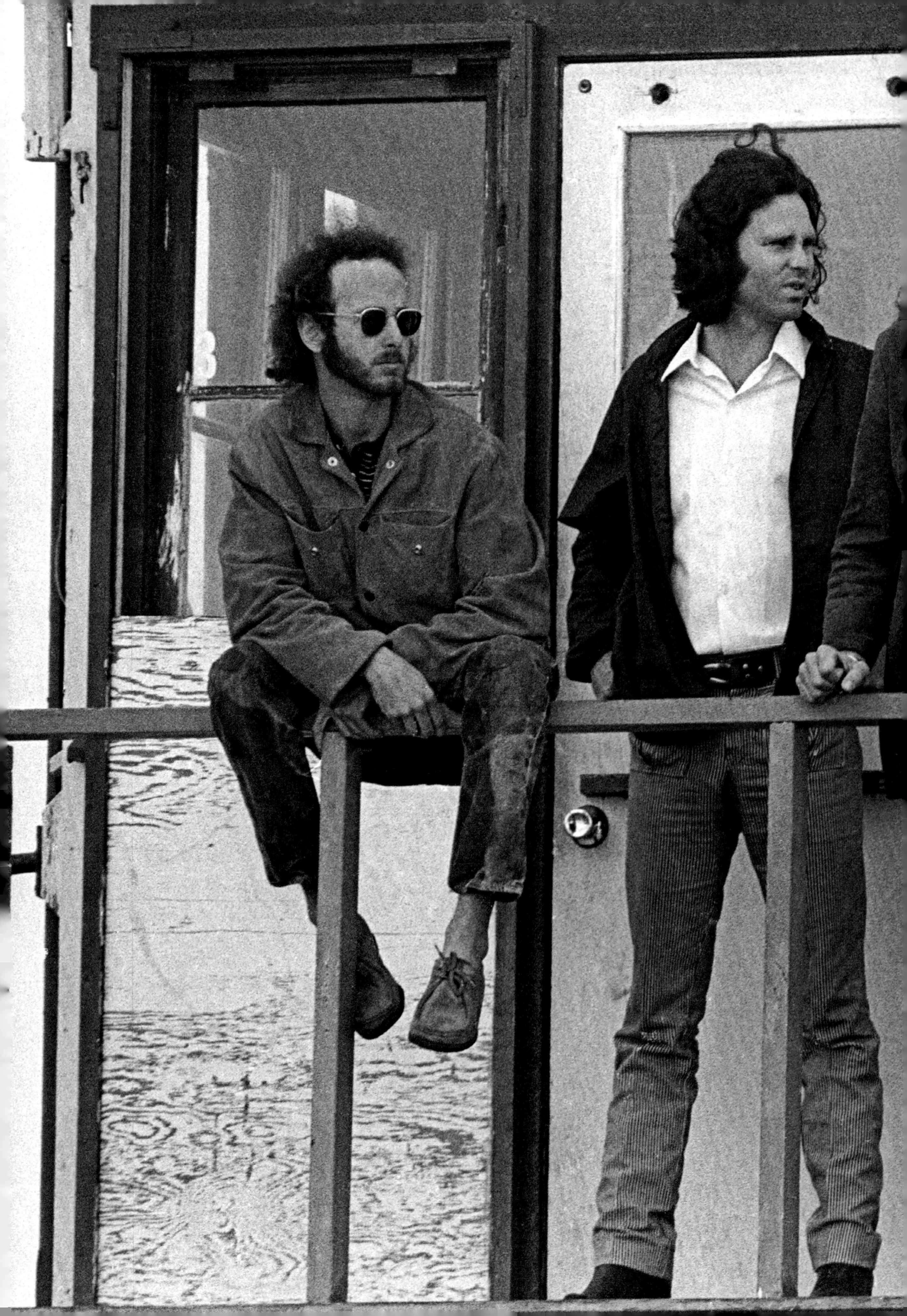

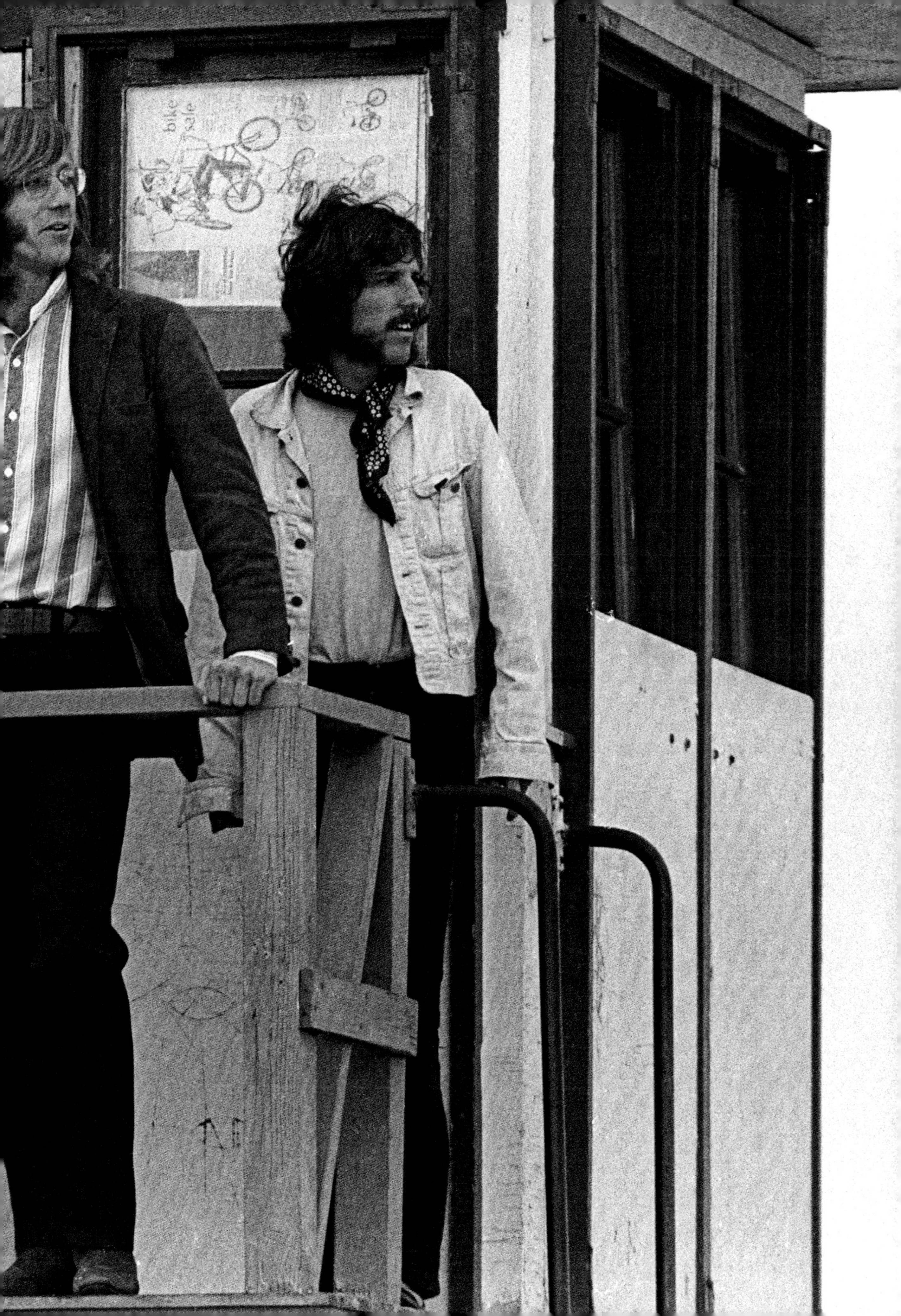

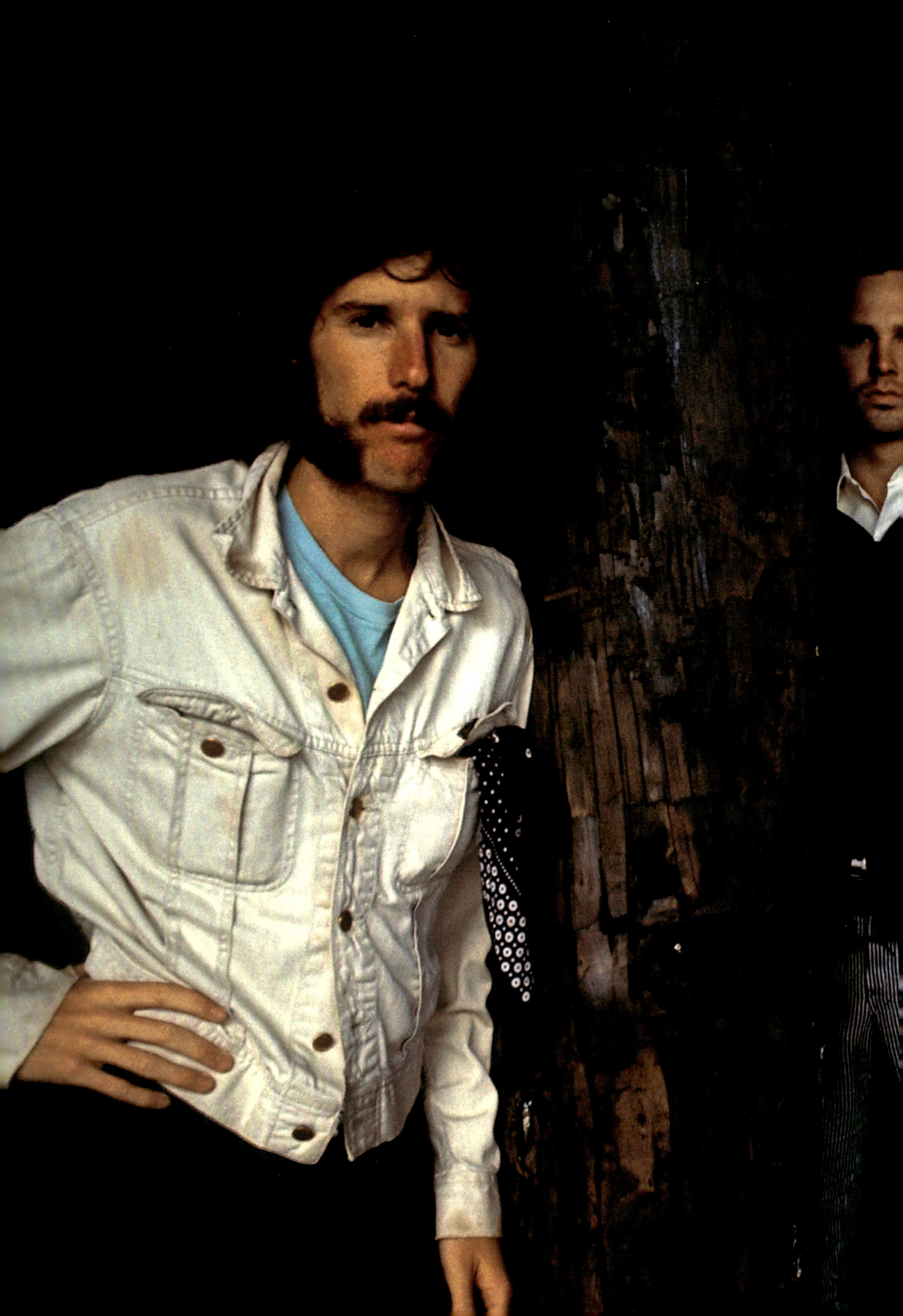

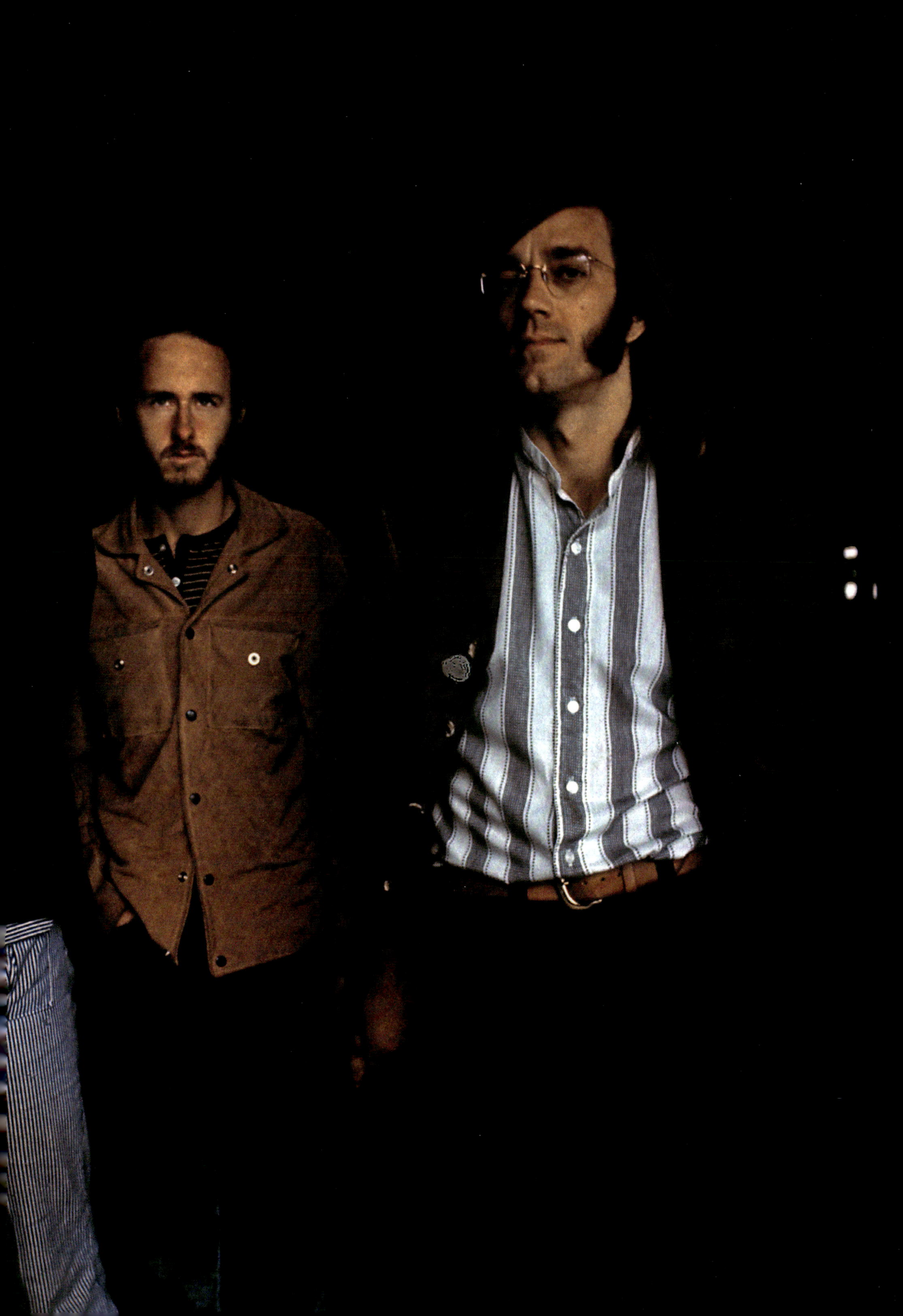

(Páginas 76 a 81)

Ao chegarmos finalmente ao píer, olhávamos o oceano. Um surfista veio em direção às colunas de madeira que sustentavam o píer, fazendo uma manobra chamada... "shooting the piles" ["surfando entre as colunas"]. John, o baterista, era surfista, e o mais atento a esse espetáculo. O jovem surfista parou e posou para uma foto.

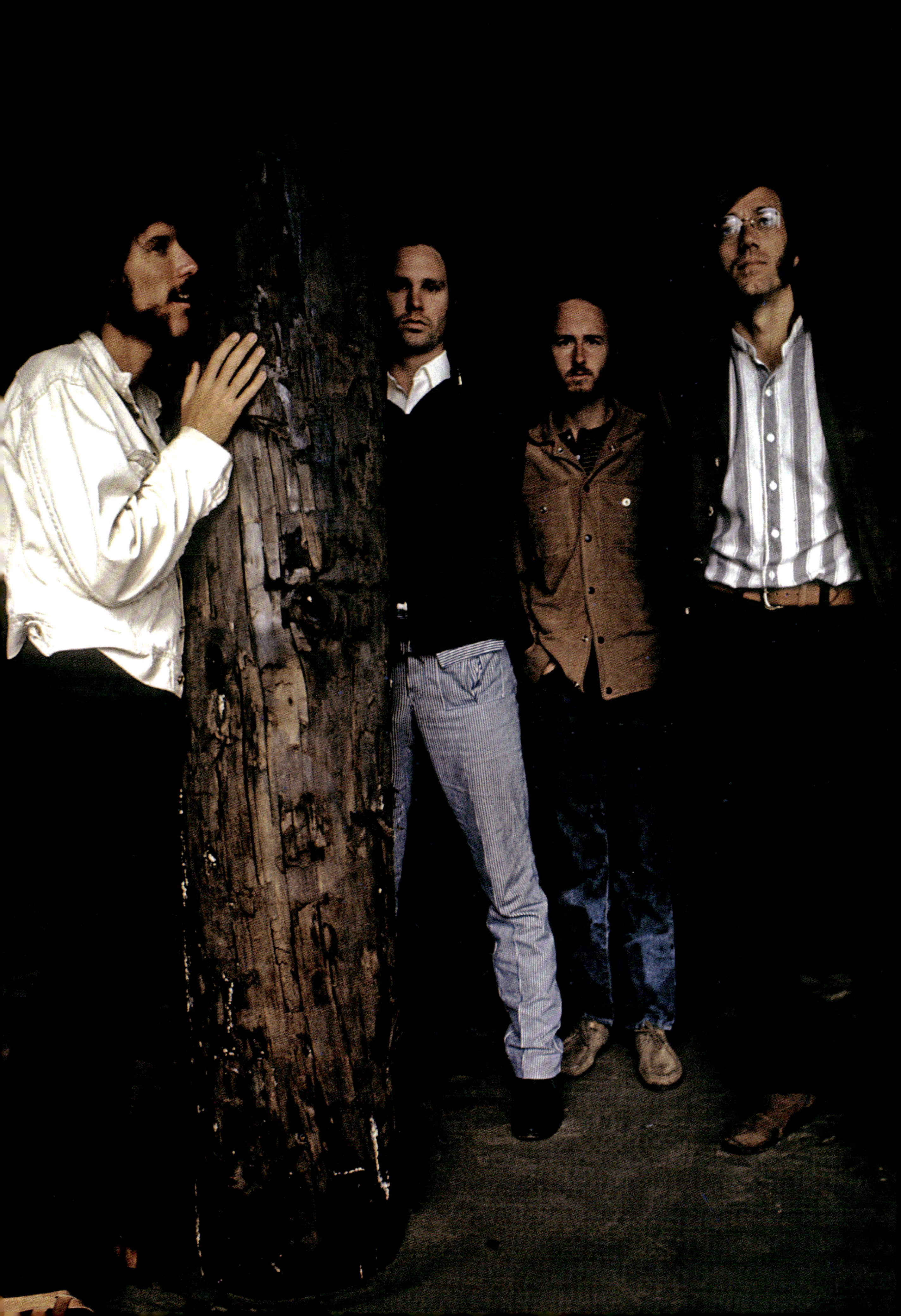

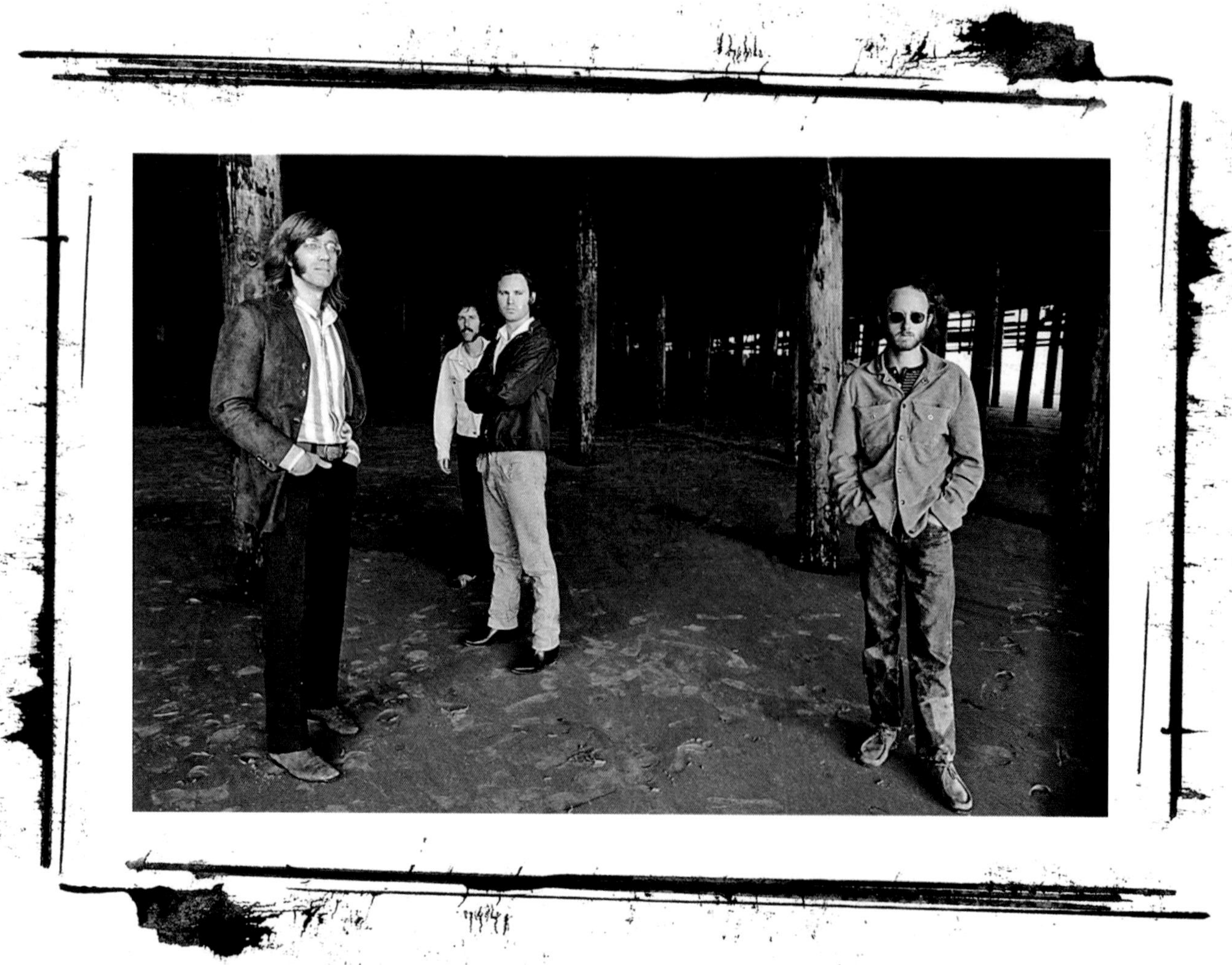

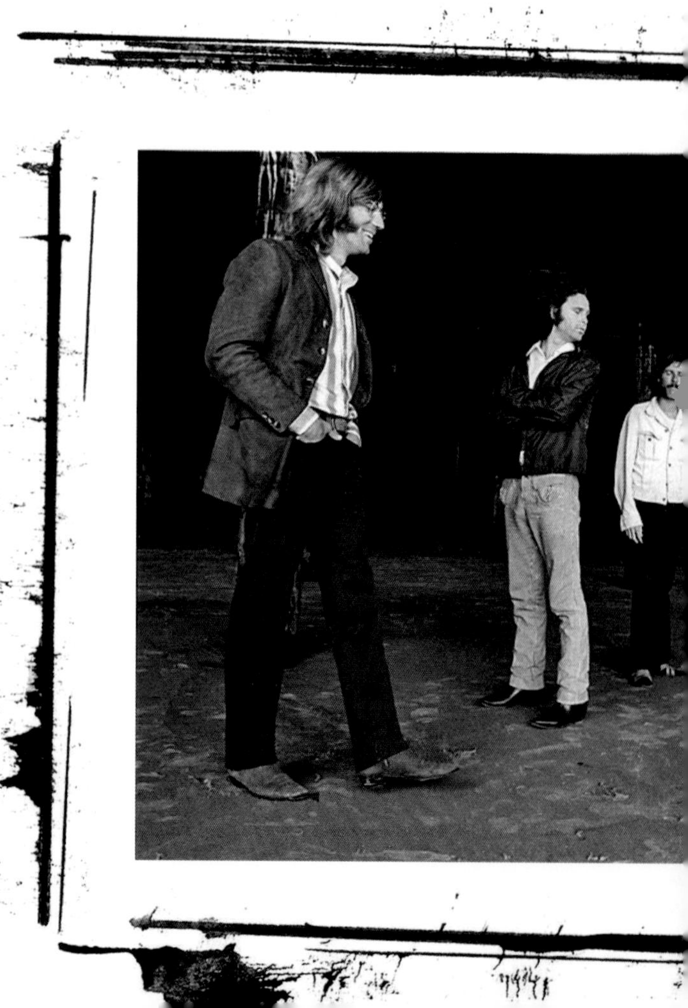

81

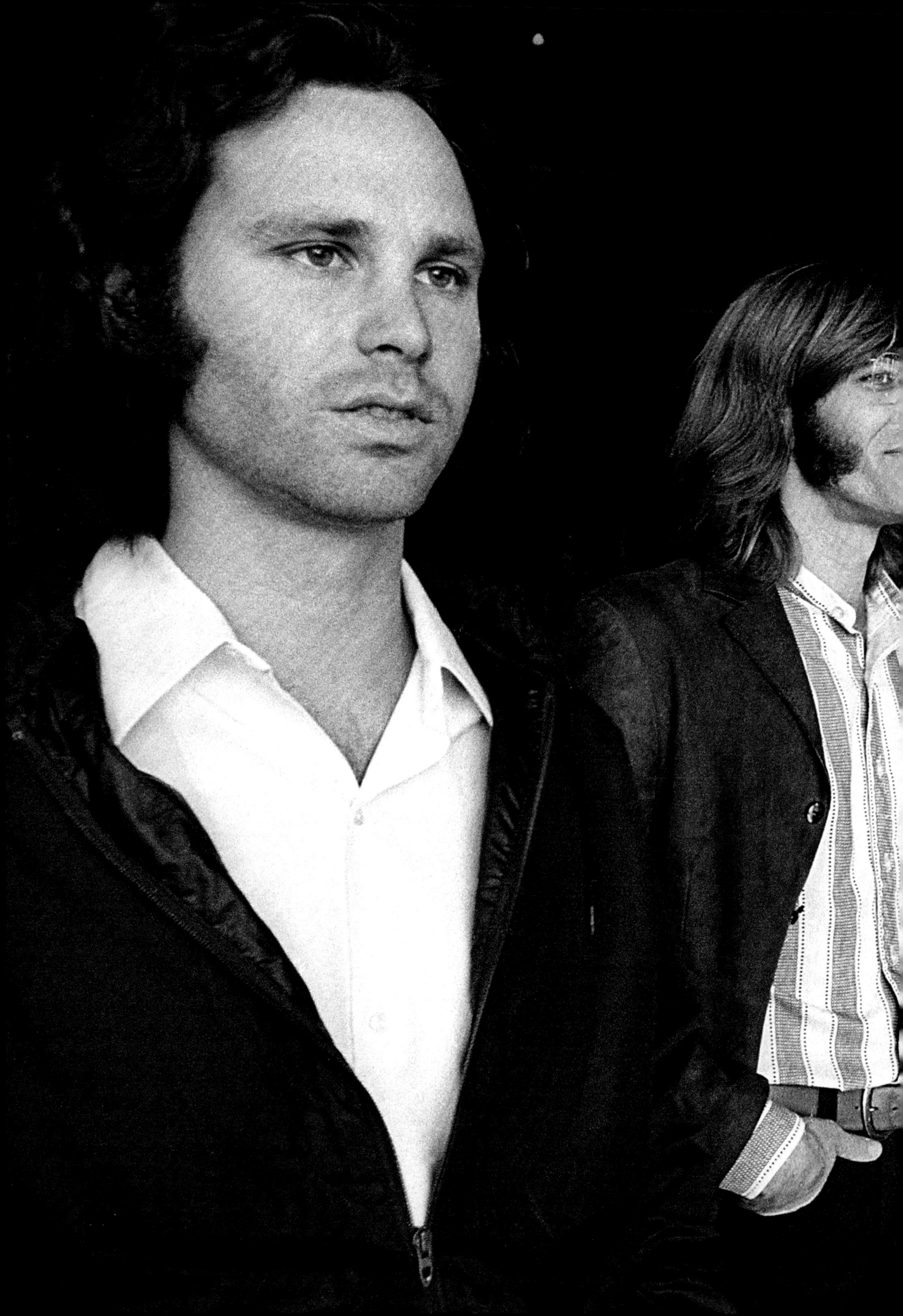

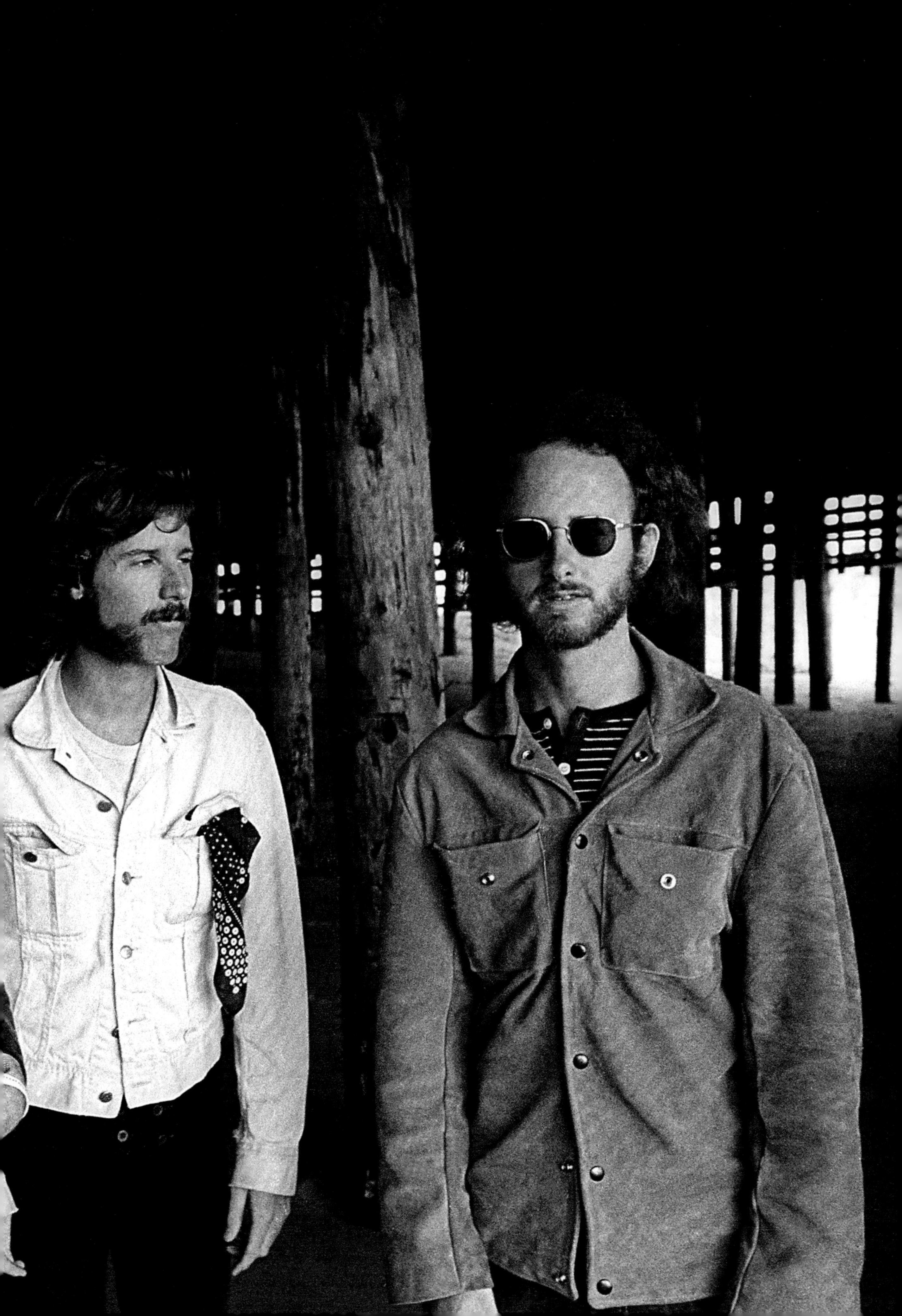

(Foto ao lado)

Os integrantes dos Doors fazendo caretas. Embora fizesse palhaçadas e se divertisse sob o píer, Jim não participava completamente. Em vez de se juntar aos outros e tentar superá-los na brincadeira, ele se afastava e ficava mais tranquilo.

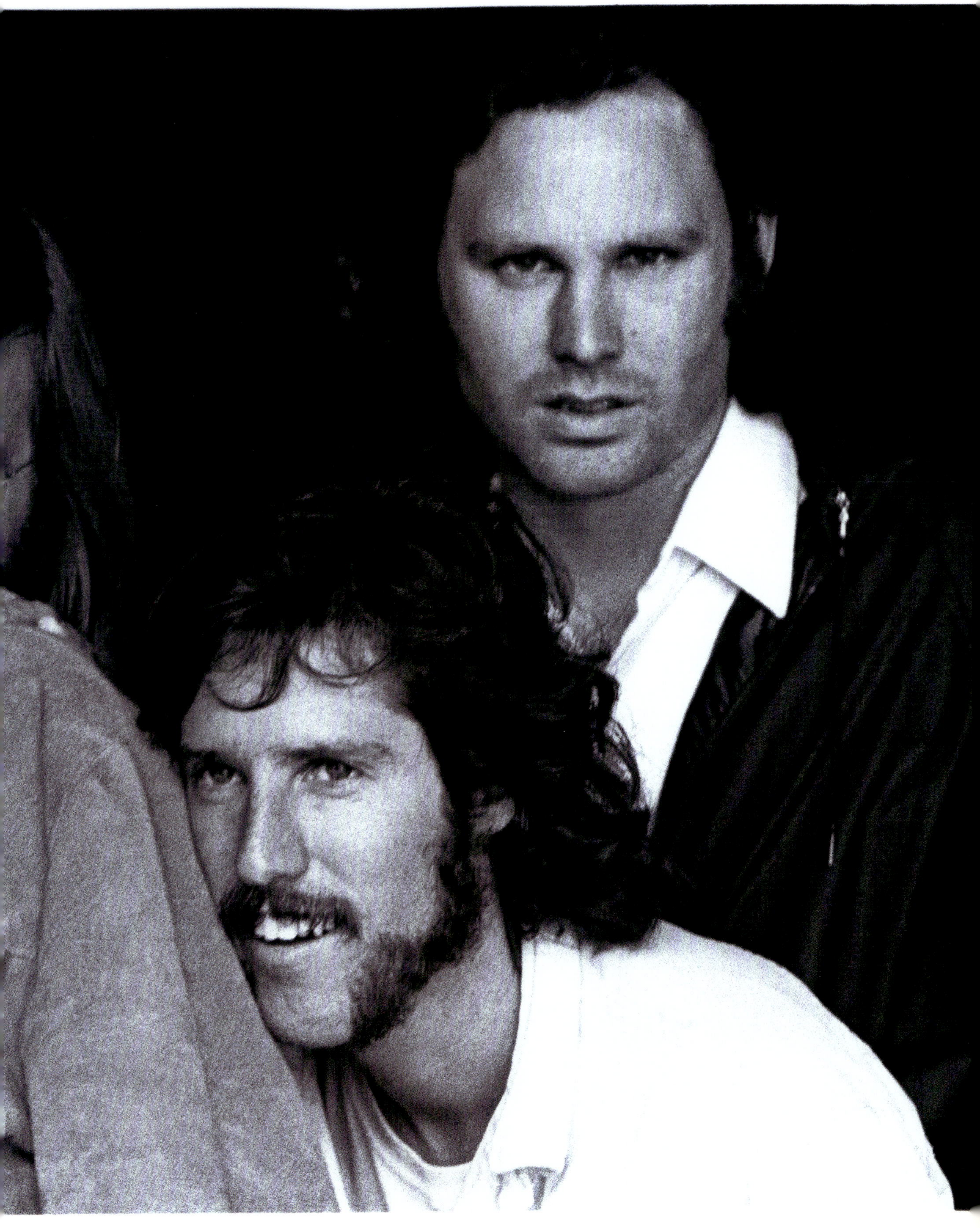

(Foto ao lado)

Jim era um cara muito mais calmo do que a maior parte das pessoas poderia imaginar. Ele era um sonhador e um poeta. Observava e escutava. Havia muitas coisas por trás de seus olhos fechados.

87

Almoço mexicano, 1969

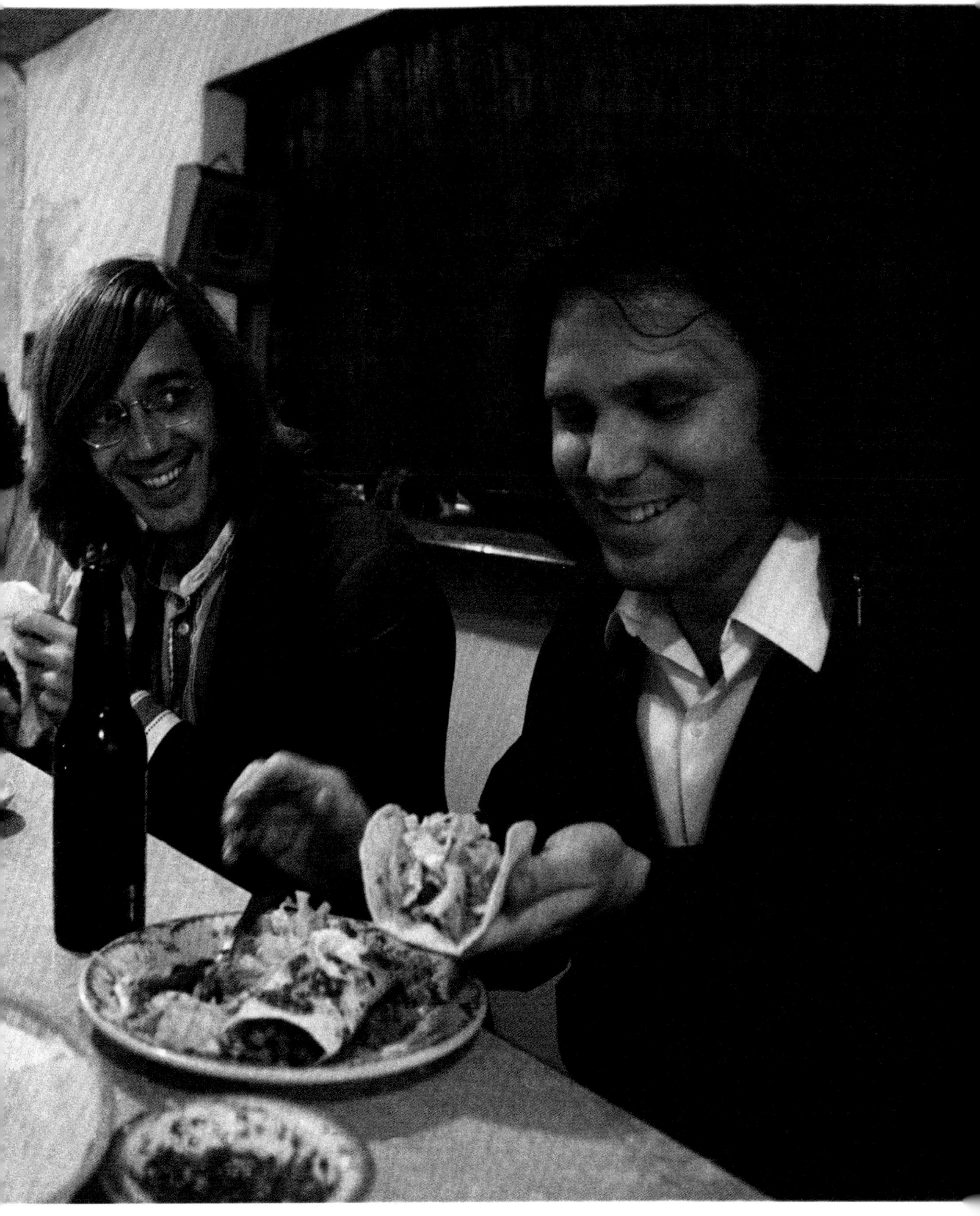

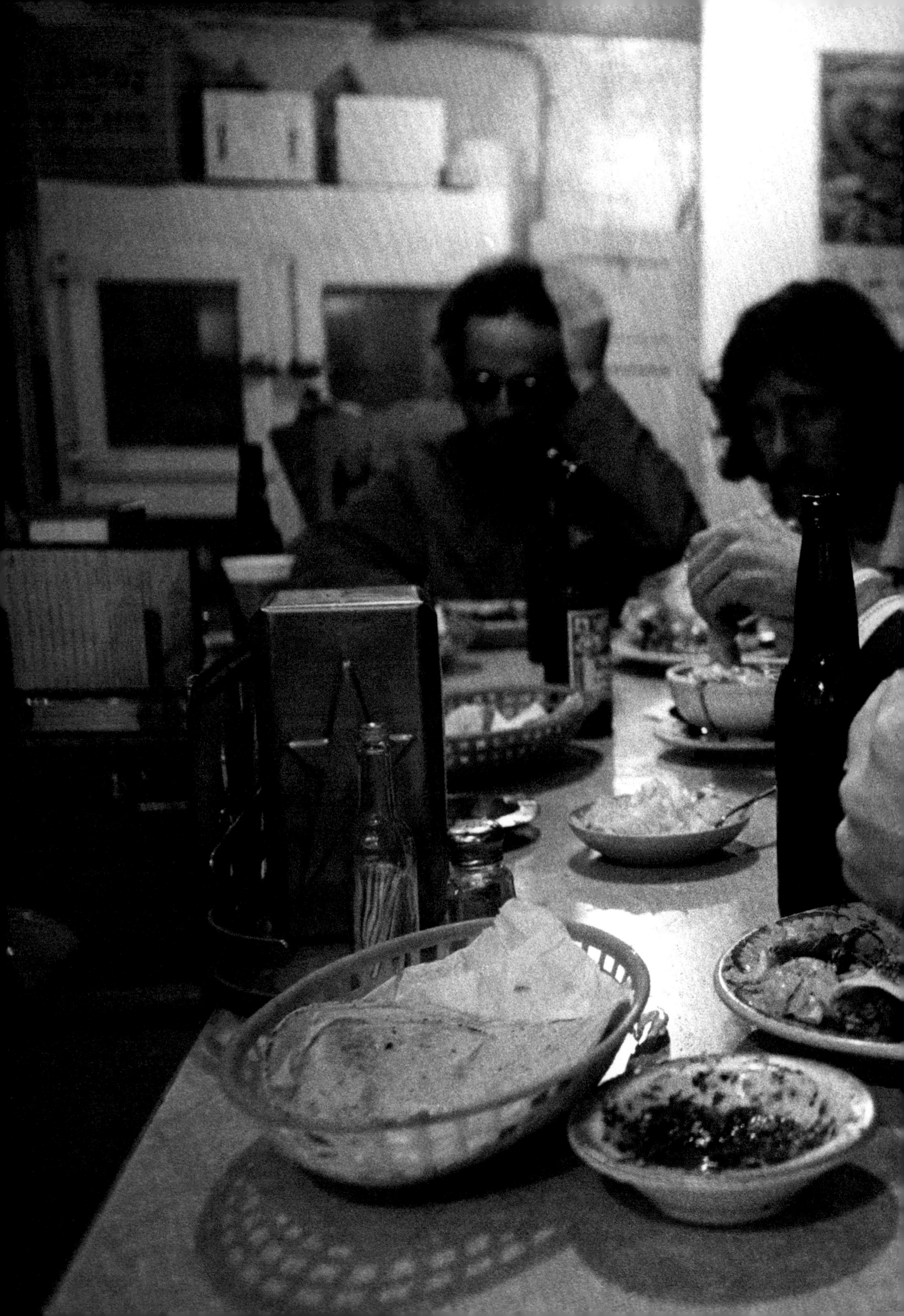

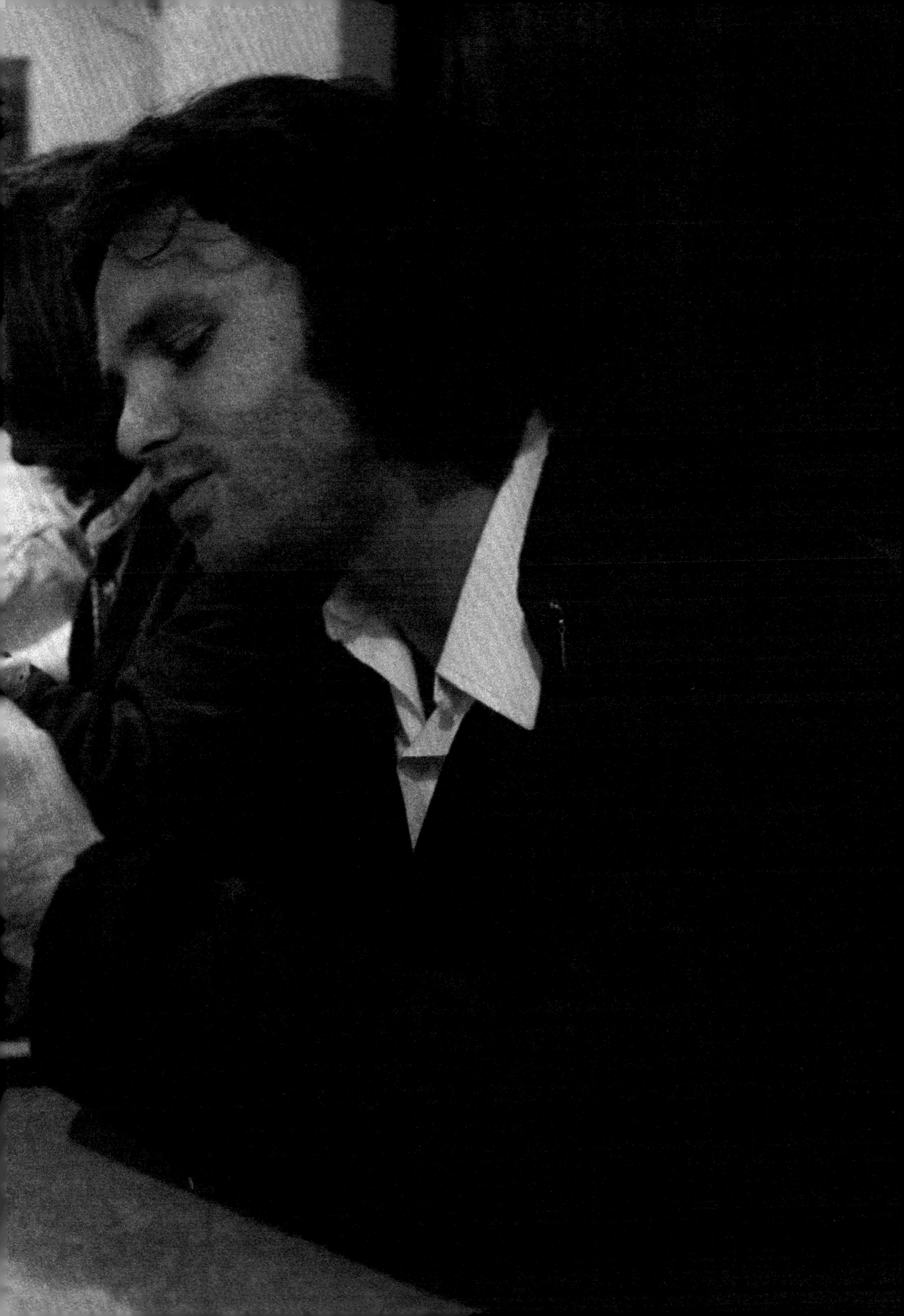

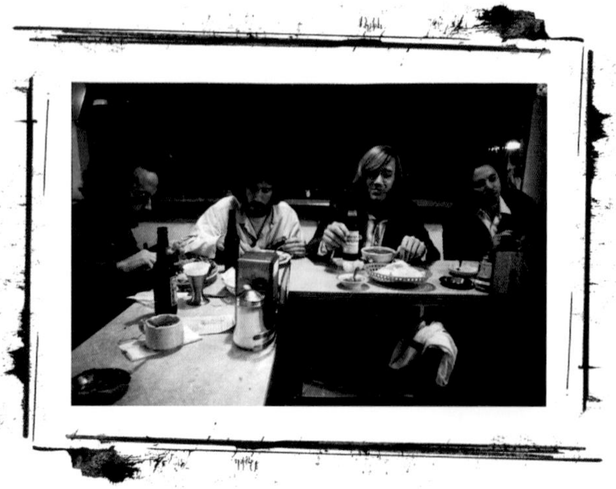

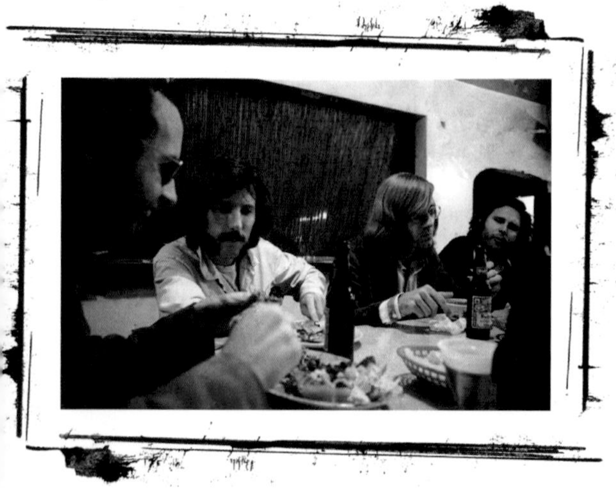

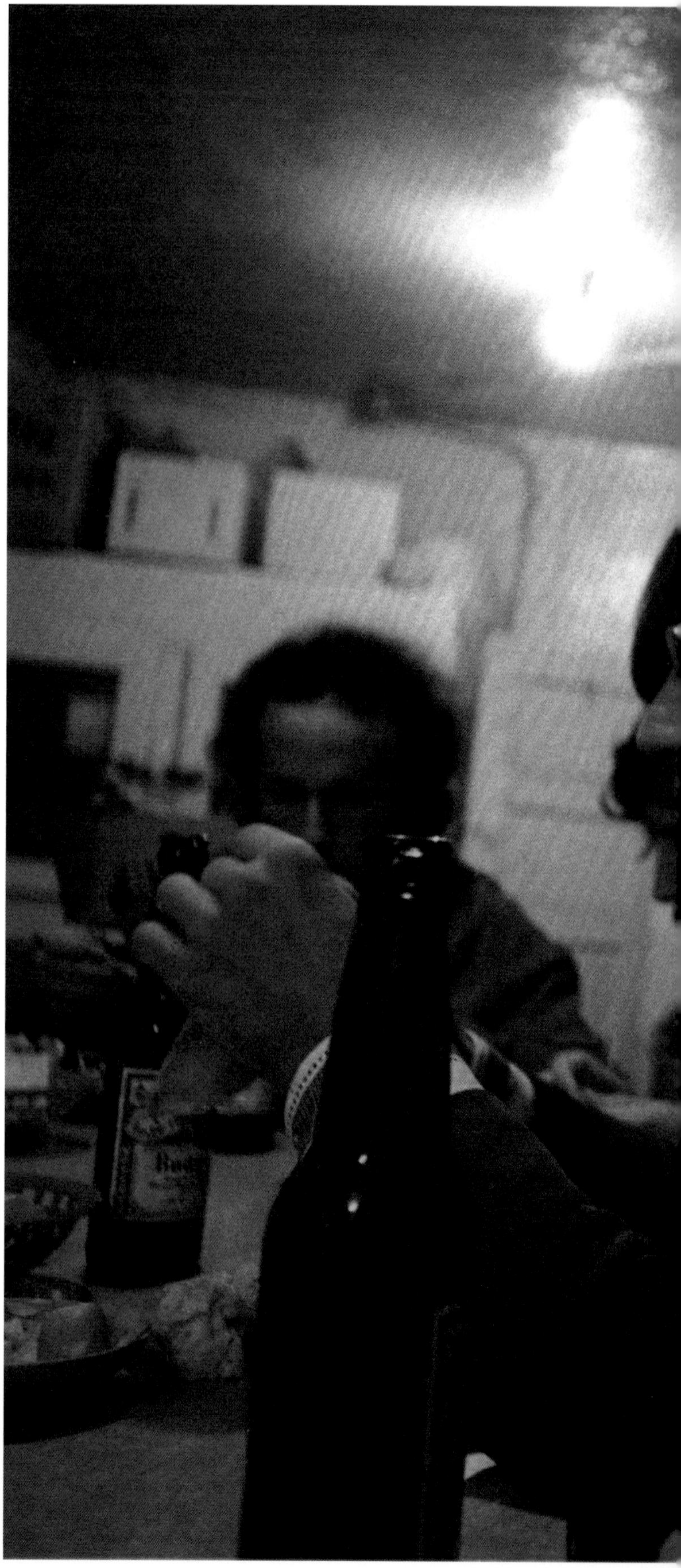

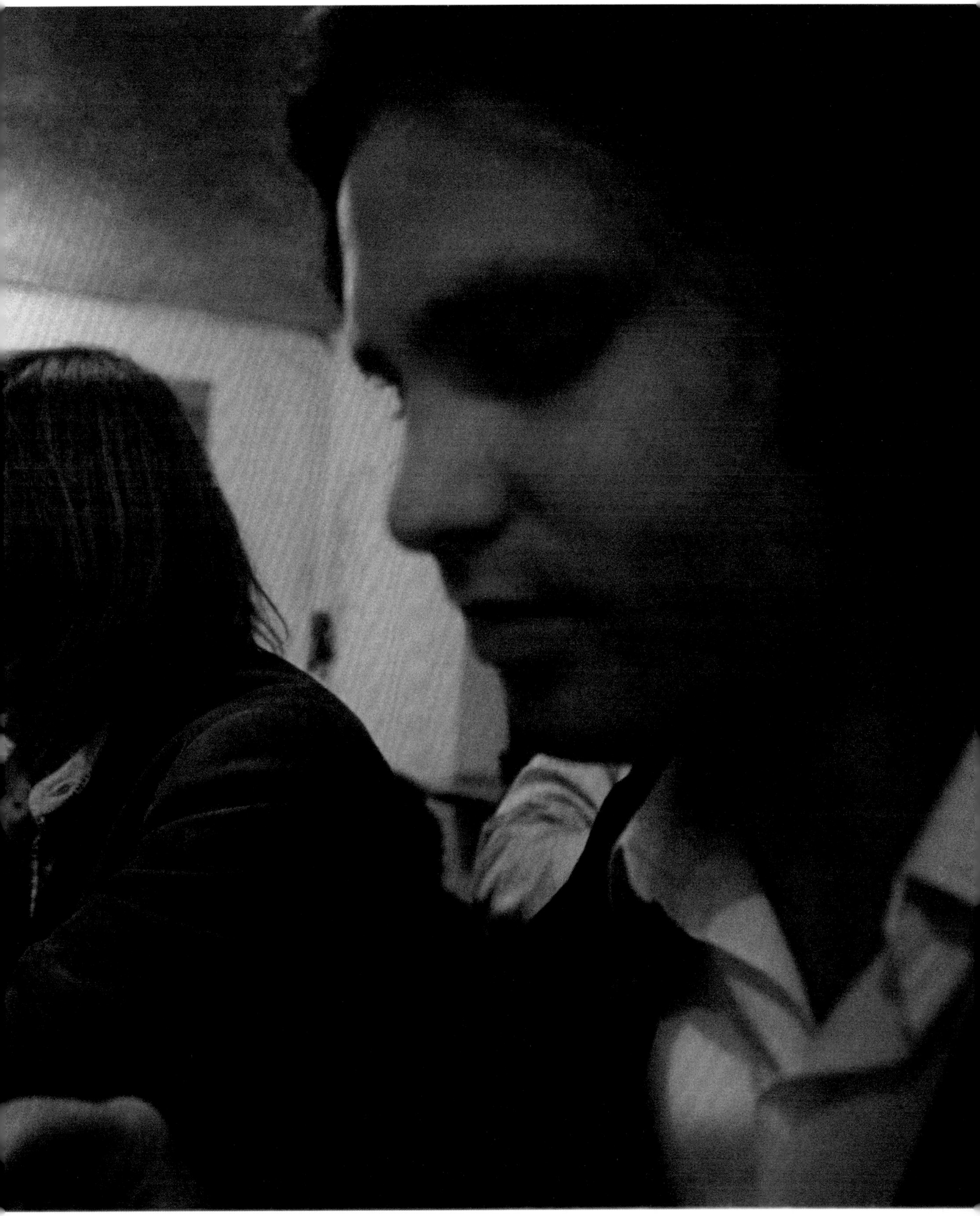

MORRIS

PASSENGER
LOADING
ONLY

ON HOTEL

ROOMS
FROM $2.50

Tirando fotos para a caixa do álbum *Morrison Hotel*, em 17 de dezembro de 1969, em Los Angeles

(Fotos das páginas 98-99)

Os Doors precisavam de uma capa para seu álbum e nos chamaram, meu diretor artístico e parceiro, Gary Burden, e eu, para tratar do assunto. Fomos à pequena sede/escritório deles, em West Hollywood, na tarde do dia seguinte. Jim e Ray estavam lá. Perguntamo-lhes se tinham um título para o álbum ou ideias para a capa, mas eles não haviam pensado em nada. Um minuto depois, no entanto, Ray falou: "Minha mulher Dorothy e eu fomos outro dia ao centro de Los Angeles e vimos um hotel em que estava escrito 'Morrison Hotel' na vidraça". Para Gary e para mim, essa possibilidade tinha muito potencial. Então, entramos todos na van Volkswagen (acompanhados agora de Babe, uma amiga de Jim) e rodamos por meia hora até chegarmos ao centro. A vitrine era fantástica. Jim e Ray entraram no hotel e sentaram-se atrás dela. Tirei algumas fotos como teste, mas era começo de tarde, e a luz refletia os prédios situados do outro lado da rua.

(Fotos das páginas 102-103)

Uns dez dias depois, nós voltamos lá com toda a banda. Quando entramos no saguão, eu disse ao senhor atrás do balcão que queríamos apenas fazer algumas fotos e que não incomodaríamos ninguém (não havia ninguém ali). "Não, vocês não podem", disse o homem, "vocês precisam da autorização do proprietário". Como ele não estava na cidade, deixamos o hotel, irritados com esse imprevisto. Então pensei em tirar as fotos em frente à vidraça, com todo mundo na calçada... um lugar público. Logo em seguida, porém, vi através do vidro que o recepcionista entrava no elevador. Ele deixou o saguão! Lembro-me de ter dito: "Rápido, galera! Corram para lá!". Eles correram para se posicionar em seus lugares, e eu comecei a fotografá-los, no início de perto, ao lado da janela (páginas100-101).

Gary me deu as instruções habituais: "Para trás! Para cima! (página 102) Pegue a vidrine inteira". Recuei rapidamente até me encontrar do outro lado da rua, o que me permitia, com minha objetiva, focalizar toda a vitrine. Gary pediu que Robby se levantasse e eu continuei a fotografar. Um entregador de pizza entrou no enquadramento, à direita; depois, uma mulher vestida de negro passou pela esquerda. Gosto de receber esses "visitantes" em minhas fotos.

Então, fotografei os dois.

(Fotos páginas 94-95)

Finalmente o caminho ficou livre e eu pude fotografar enquanto todos eles olhavam para a câmera (e, mais tarde, para os compradores do álbum). Esta foto foi tirada logo antes ou depois da que foi utilizada no disco, porque aqui eles exibiam um leve sorriso. Se você olhar o álbum, verá que eles não sorriem. Também é possível notar as luzes da árvore de Natal (era 17 de dezembro) e o reflexo da van Volkswagen à direita. A longa faixa branca logo acima de suas cabeças é a luz de cima da porta do elevador no qual o recepcionista havia desaparecido. Um rolo de filme colorido e cinco minutos foram suficientes.

1246
MORRISON
HOTEL

MORRISON HOTEL

MORRISON HOTEL
ROOMS

MORRIS
FROM

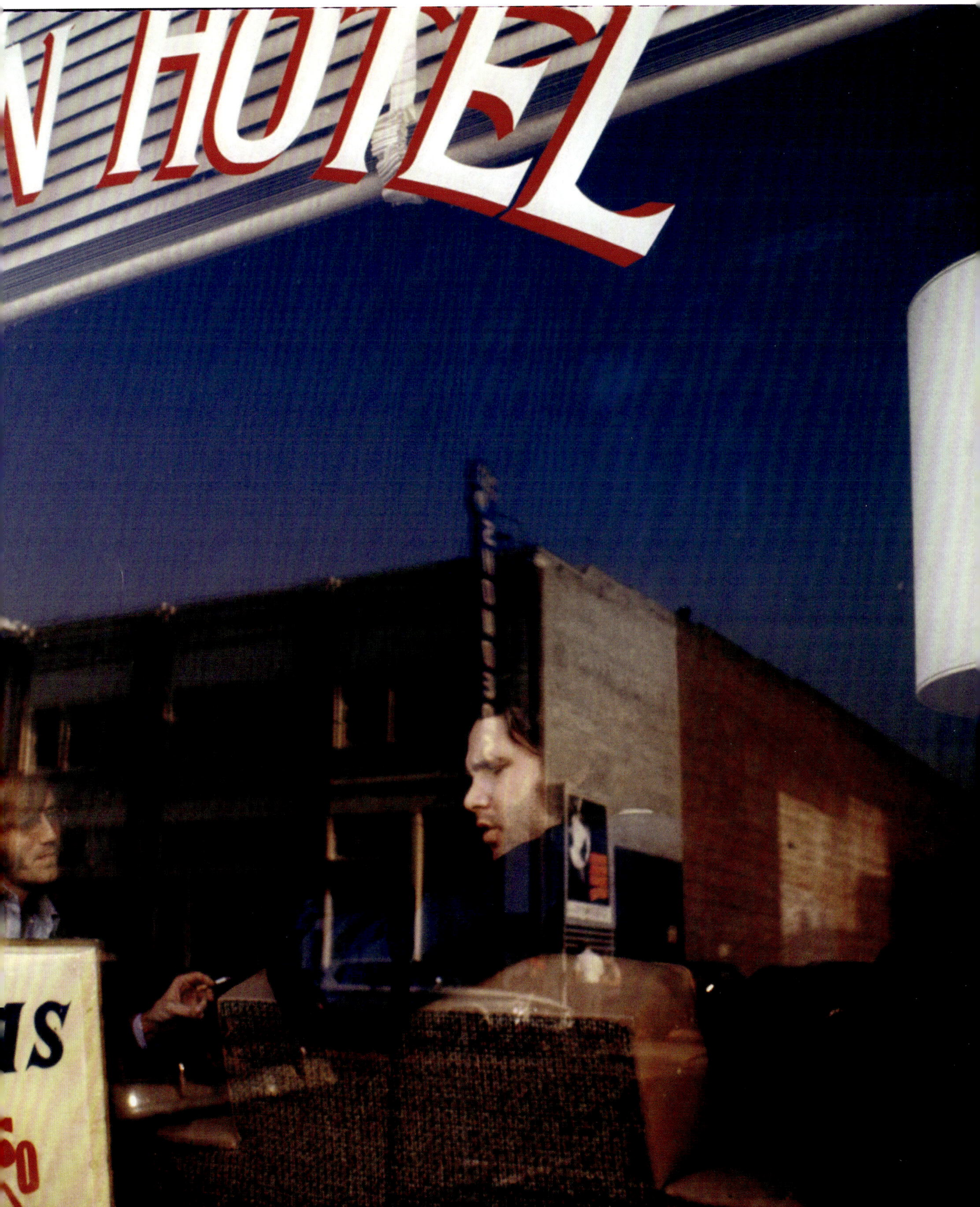
HOTEL

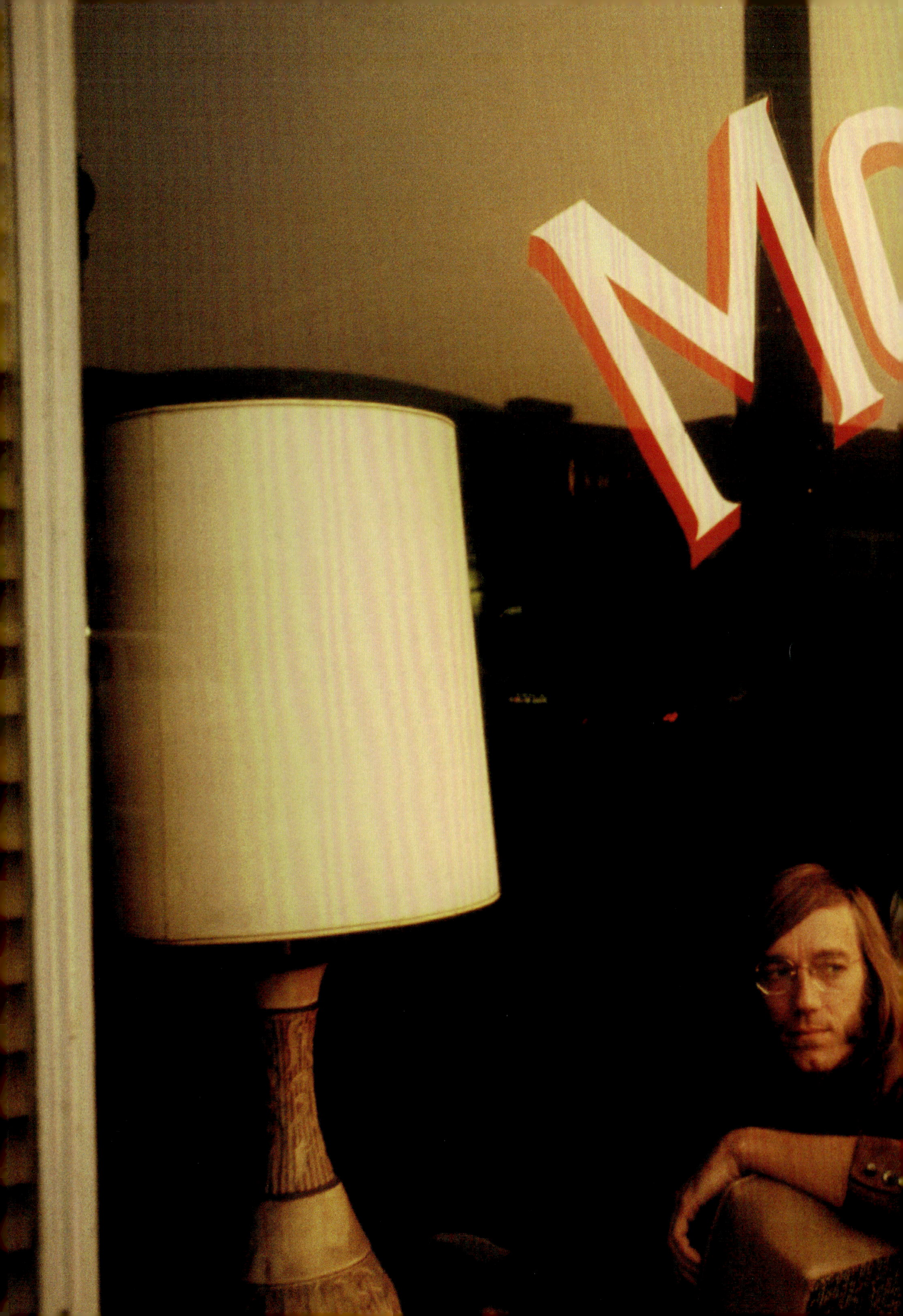

RRISON HOTEL
TRANSIT WEEKLY
SPECIAL MONTHLY RATES
ROOMS
$2.50

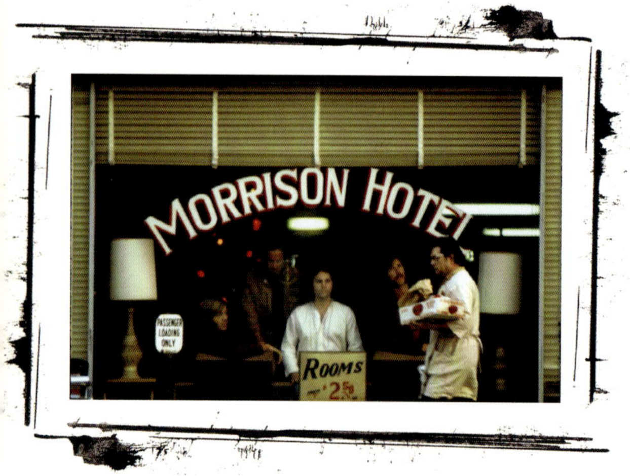
MORRISON HOTEL
ROOMS

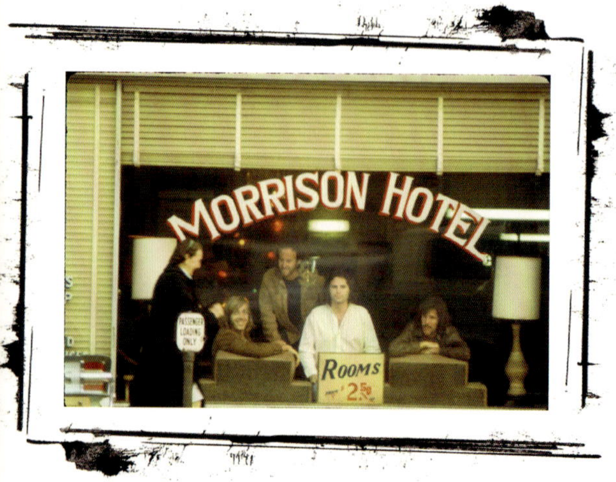
MORRISON HOTEL
ROOMS

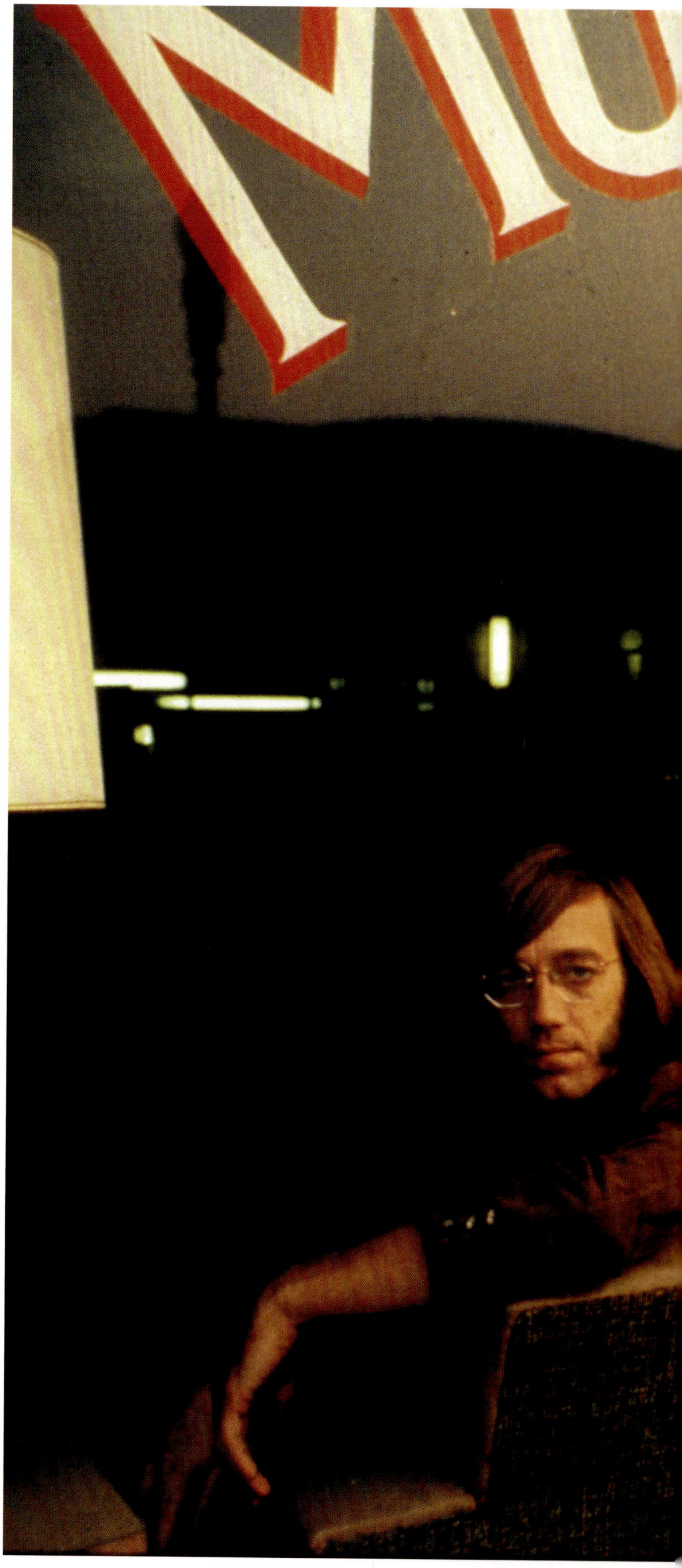

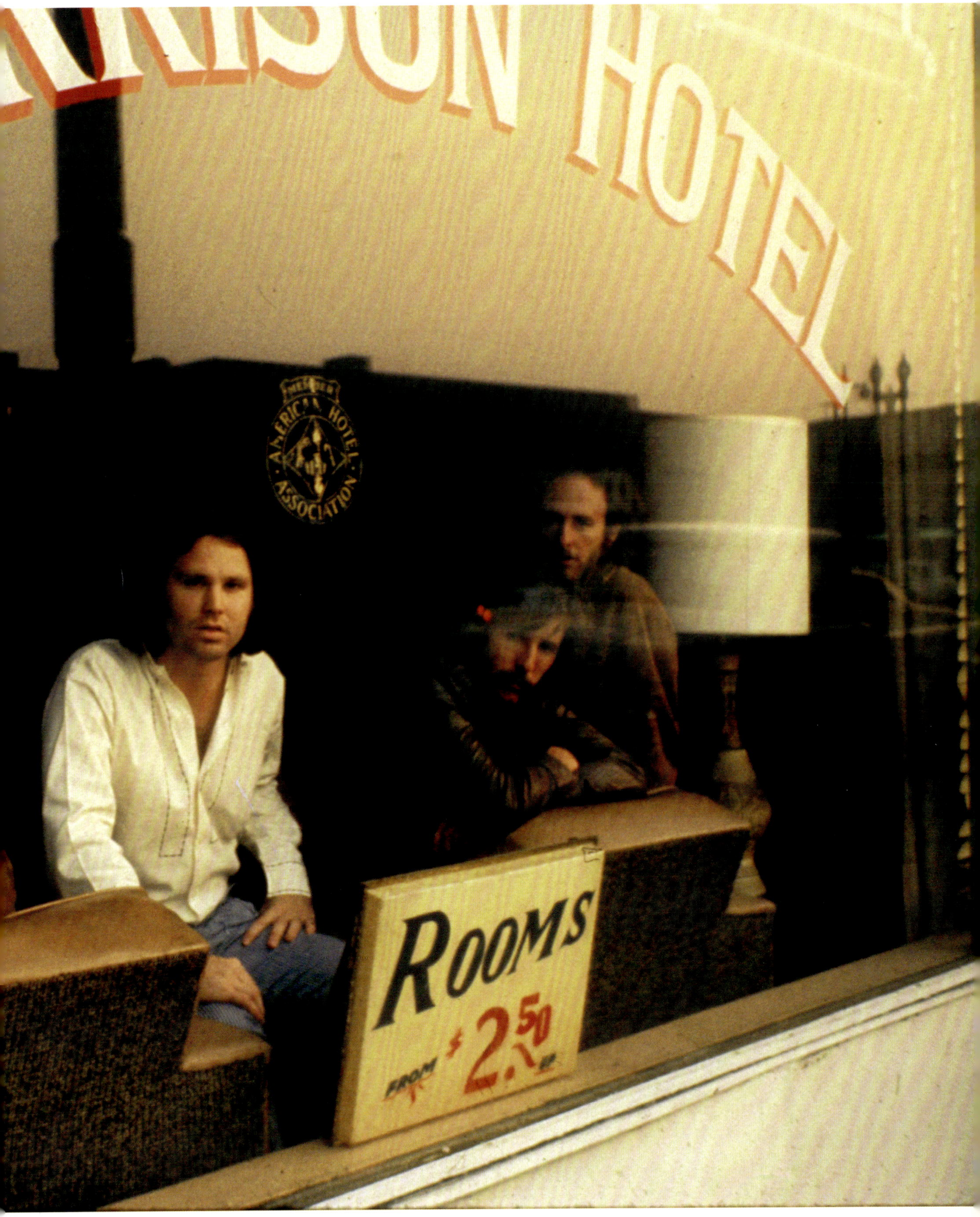
HOTEL
AMERICAN HOTEL ASSOCIATION
ROOMS
FROM $2.50

Hard Rock Café, 17 de dezembro de 1969, Los Angeles

(Foto ao lado)

De volta à calçada em frente ao hotel, Jim disse: "Vamos beber alguma coisa". Estávamos todos de acordo, então lotamos a van. Alguém acendeu um baseado e fomos para o sul pela Hope Street, o bairro dos vagabundos. Lá havia uma rua que não tinha nada além de bares e lojas de penhores; eram tantos bares que ficava difícil decidir em qual parar. De repente, pela janela, o Hard Rock Cafe apareceu diante de nós. Ninguém jamais havia visto ou ouvido falar dele até aquele instante, mas todos concordamos que era para lá que devíamos ir.

É interessante ficar do lado de fora para conhecer o lugar. Havia muitos homens mais velhos, cachaceiros, como se poderia chamá-los, que caminhavam e paravam em pé à nossa volta. Depois de algum tempo, entramos e nos sentamos no bar.

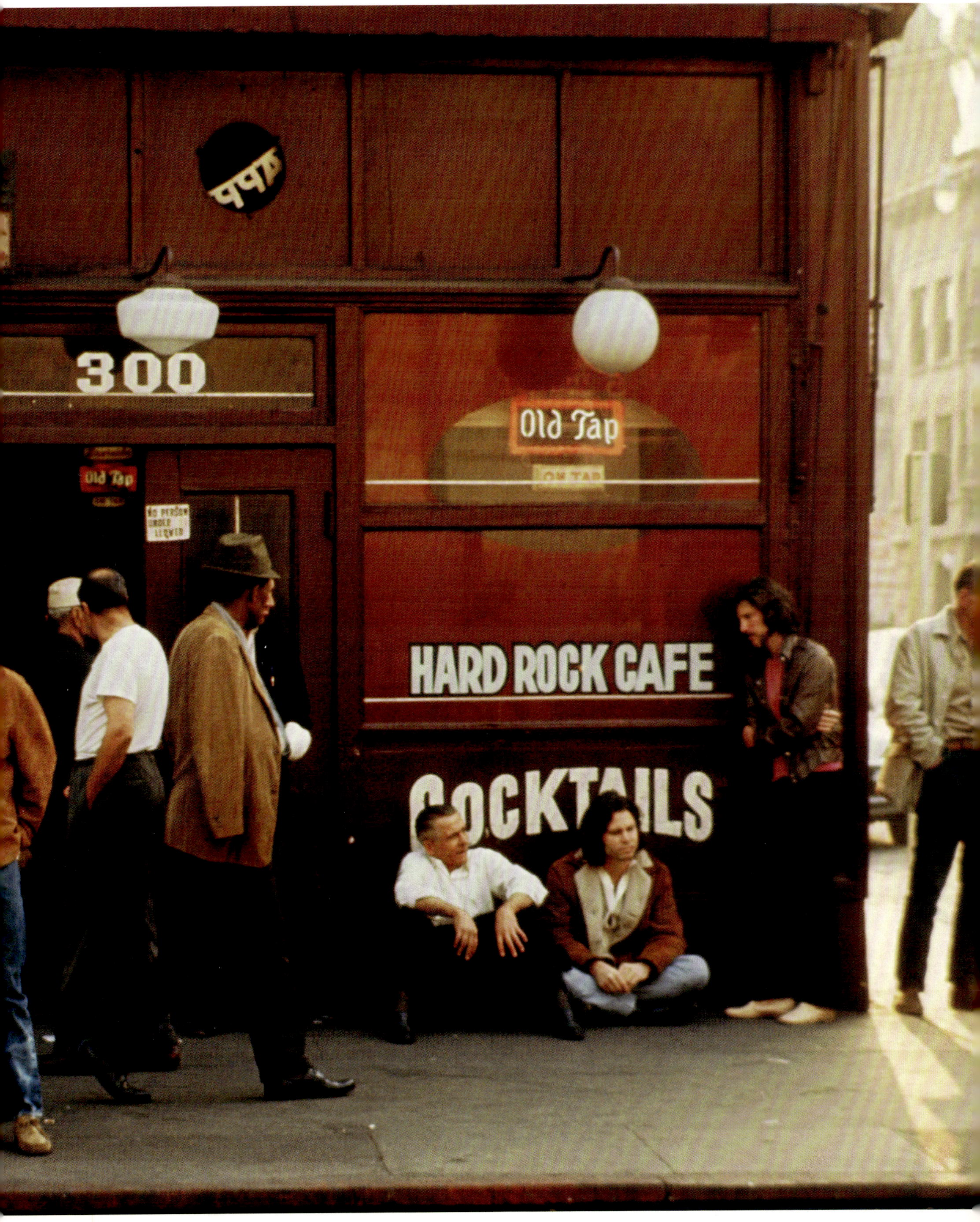
300
Old Tap
HARD ROCK CAFE
COCKTAILS

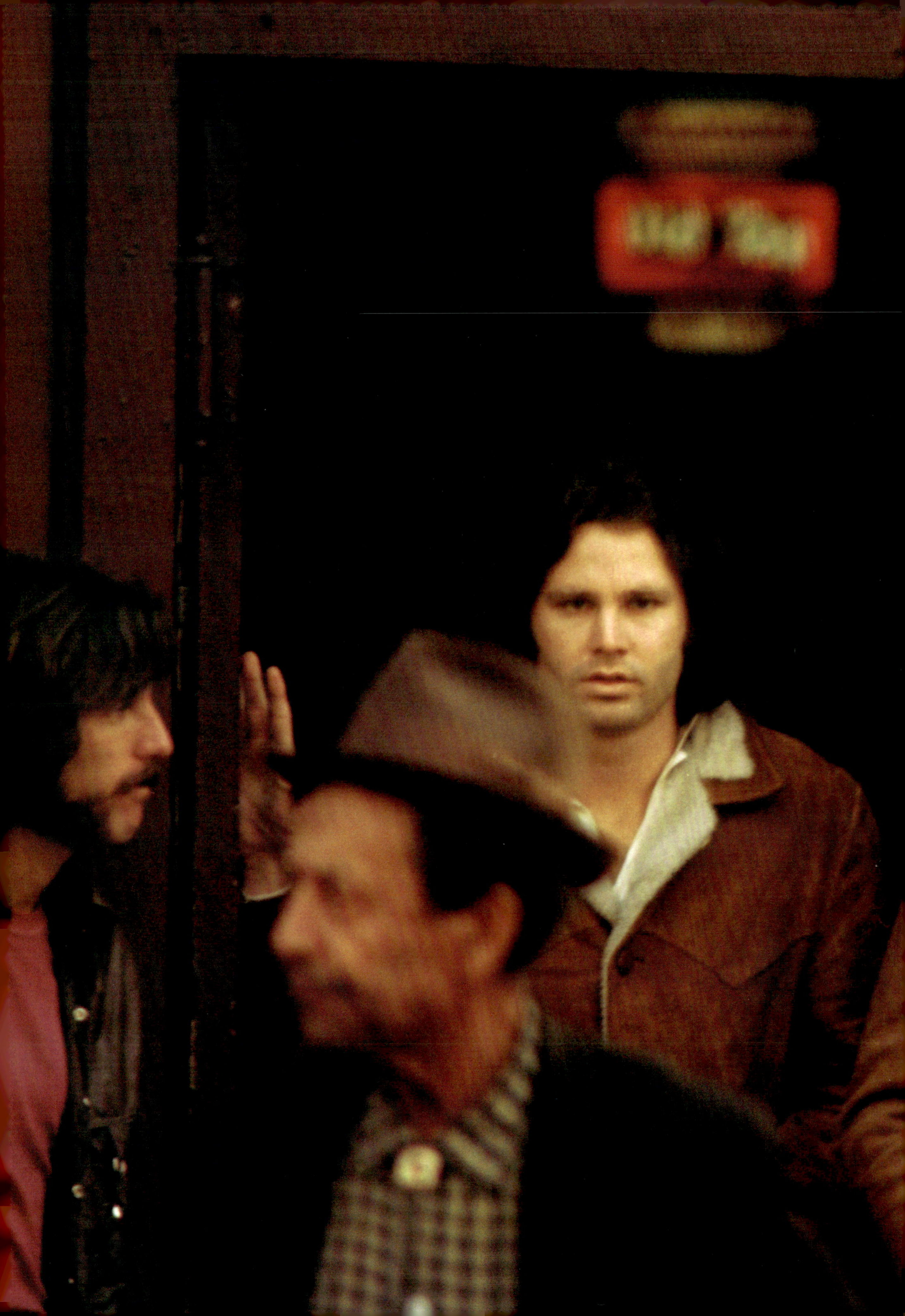

NO PERSON
UNDER 21
ALLOWED

(Fotos ao lado e acima)

Logo na entrada do bar havia quatro banquetas vermelhas desocupadas. Perfeito! Pedimos seis garrafas grandes e geladas de Budweiser. Se eu ficasse em pé no vão da porta, a luz natural seria perfeita para as fotos; pedi, então, que os caras se virassem e olhassem para mim.

109

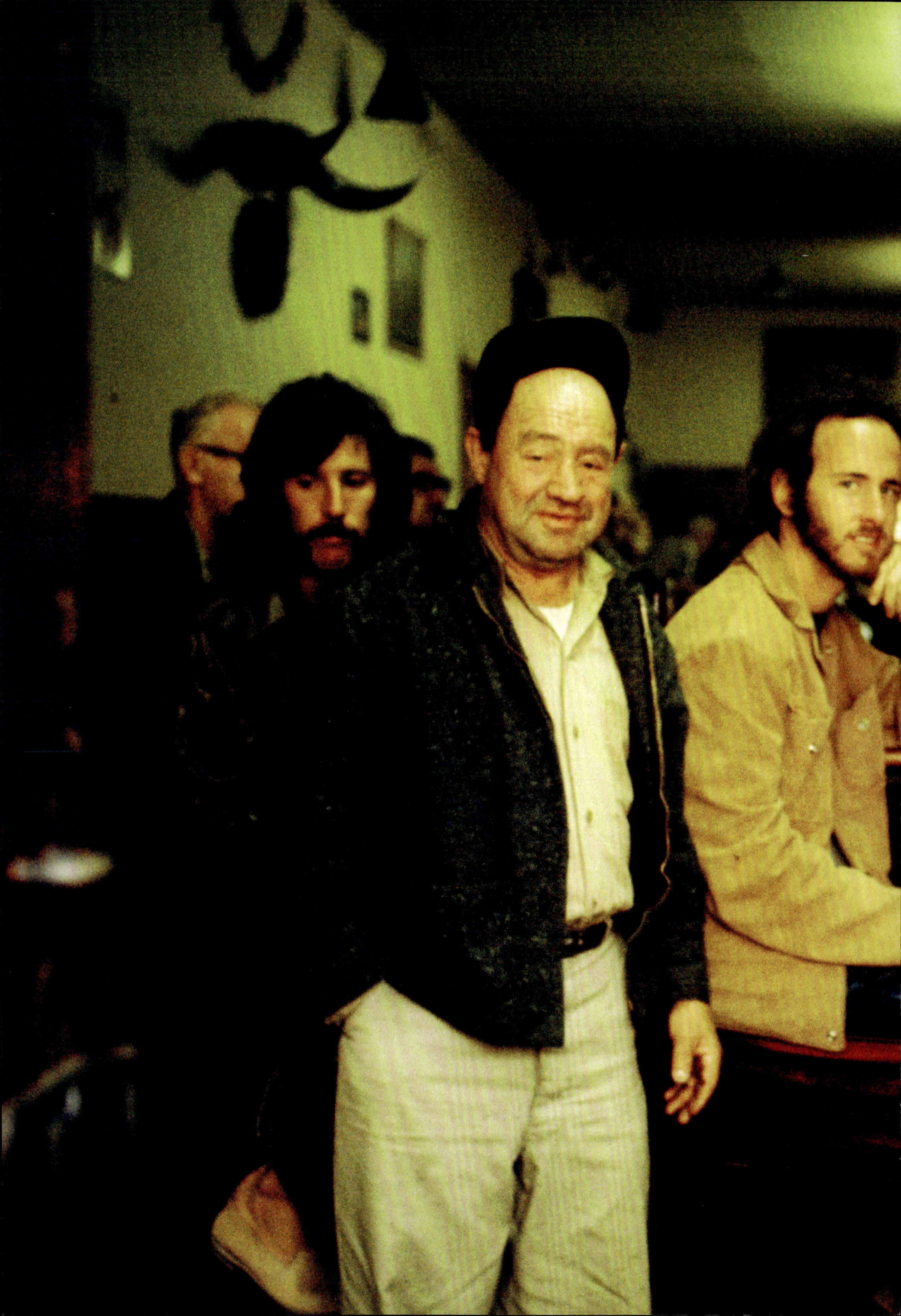

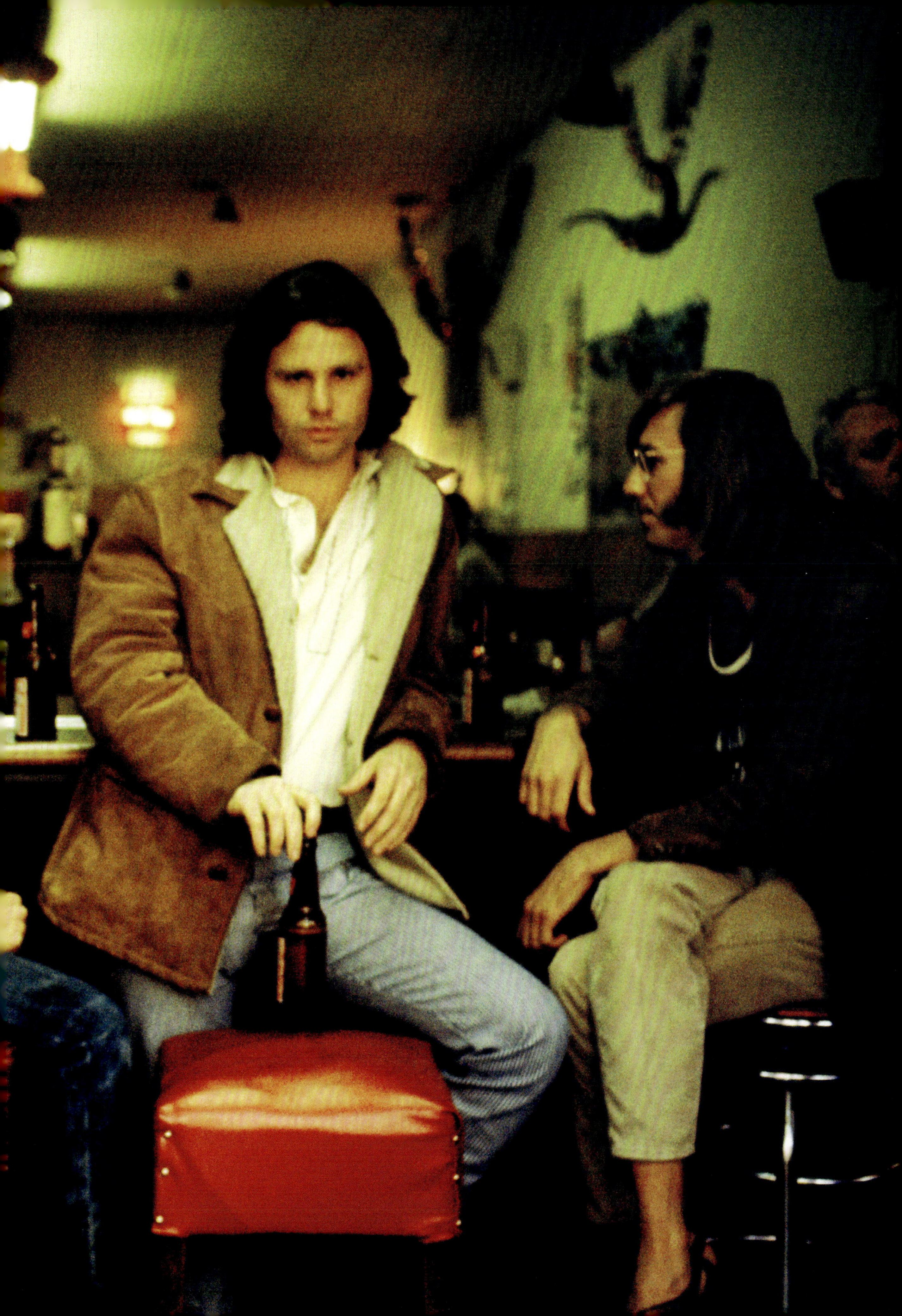

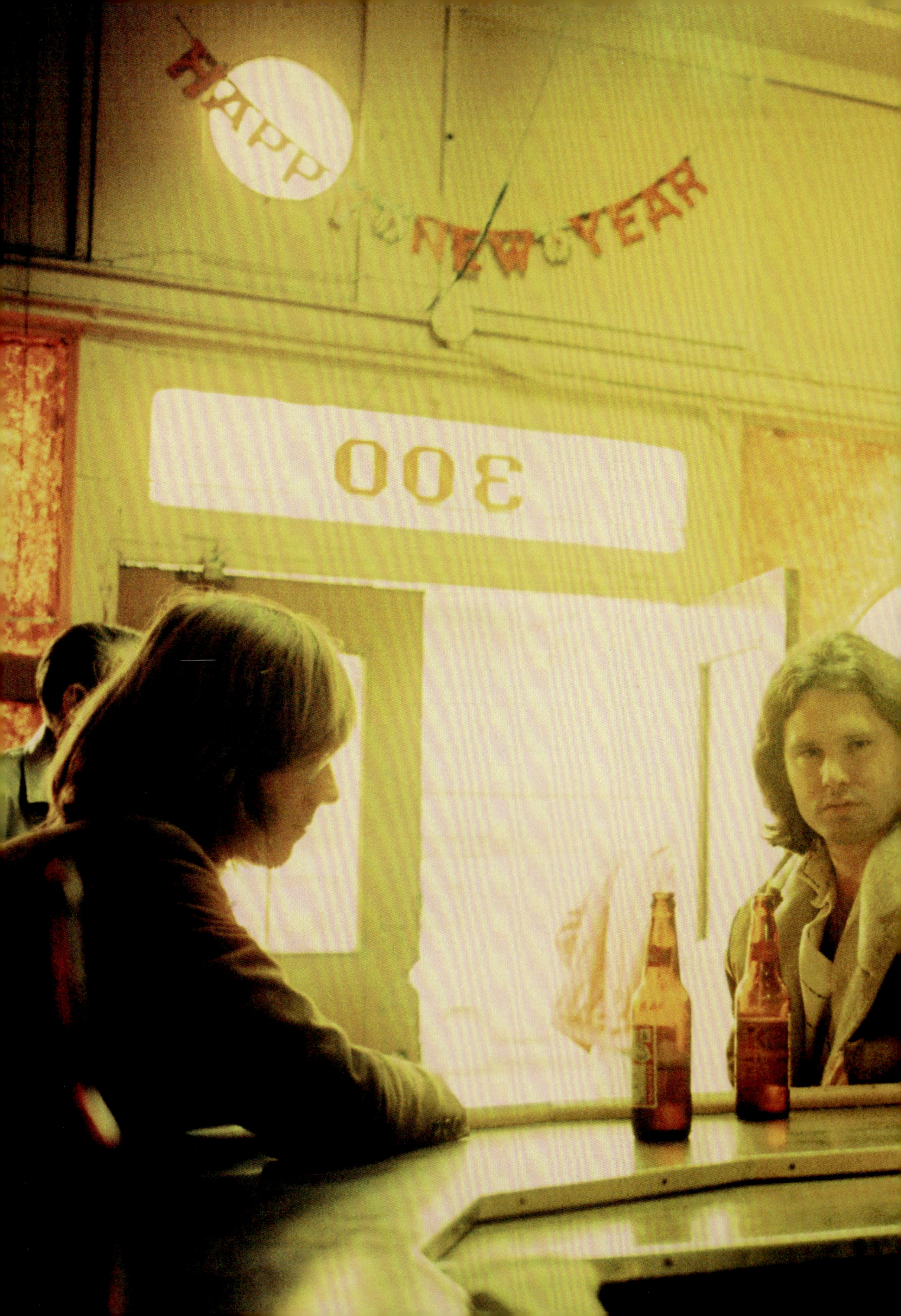
HAPP
NEW YEAR

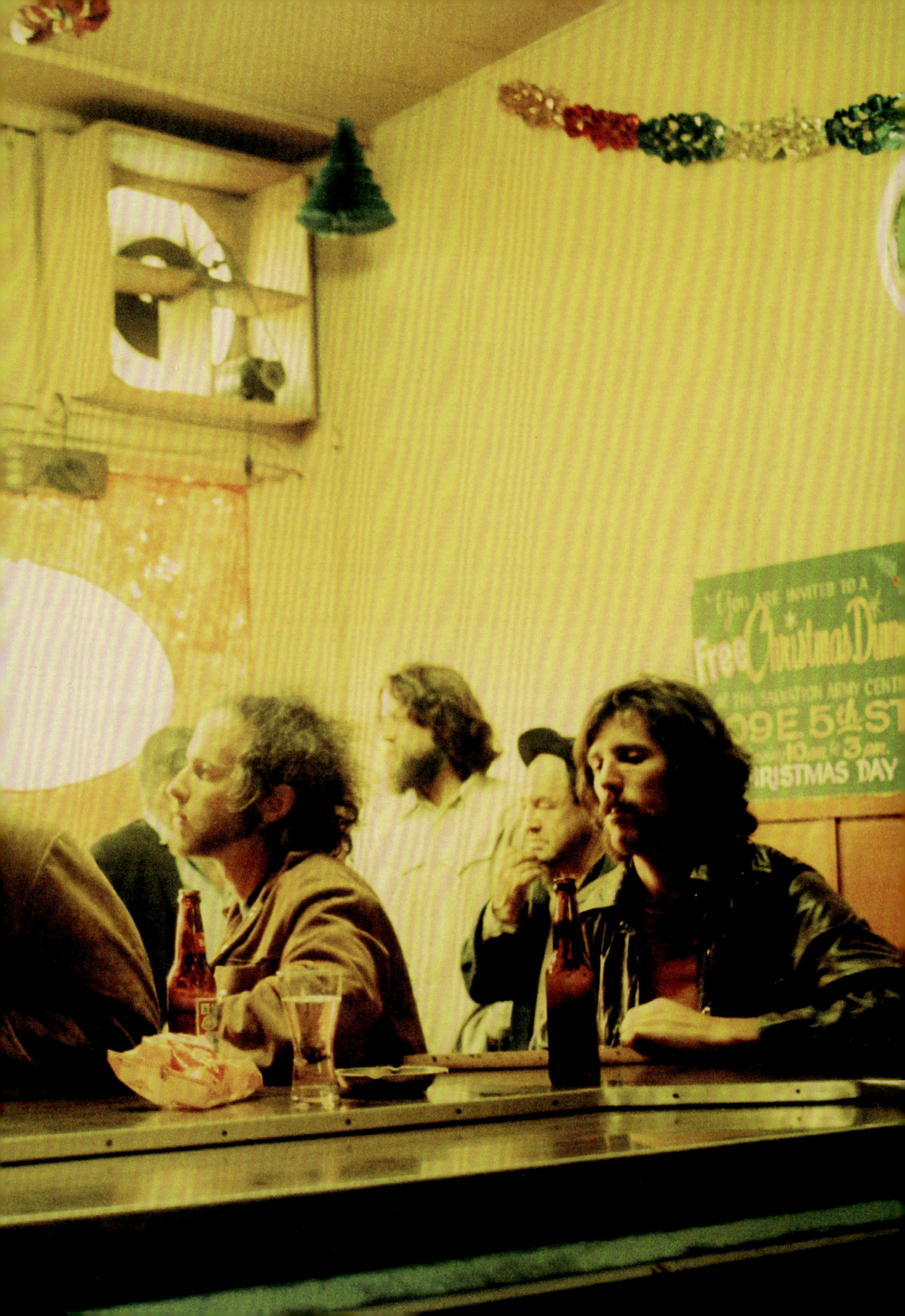
INVITED TO A
Free Christmas
09E 5th ST
IRISTMAS DAY

(Fotos das páginas 110-111)

Muitos dos frequentadores do bar se perguntavam o que nós estávamos fazendo e por que eu tirava tantas fotos. Eles estavam bem próximos a nós, e finalmente começamos a conversar com alguns deles. Ray teve uma longa conversa com um jovem de uma reserva indígena, e Jim ficou fascinado ao ouvi-los falar de suas vidas. Ao perceberem sua maneira de acenar com a cabeça e de sorrir com um ar ligeiramente extasiado, eles começaram a despejar suas histórias.

(Fotos páginas 112-113)

Tirei algumas fotos a partir do fundo do bar, mas achei que a luz não estava boa, Então, deixei de lado minha câmera fotográfica e bebi minha cerveja. Você pode ver Gary Burden no plano de fundo.

(Foto ao lado)

Após mais de uma hora, deixamos o bar acompanhados por nossos novos amigos. Aqueles que haviam falado com Jim achavam que ele era um cara bacana, porque se interessava por suas histórias. Eles não tinham a menor ideia do mundo em que Jim vivia, mas gostavam dele. Mais tarde, Ray disse que, se não tivesse sido um *rock star*, Jim provavelmente seria como eles.

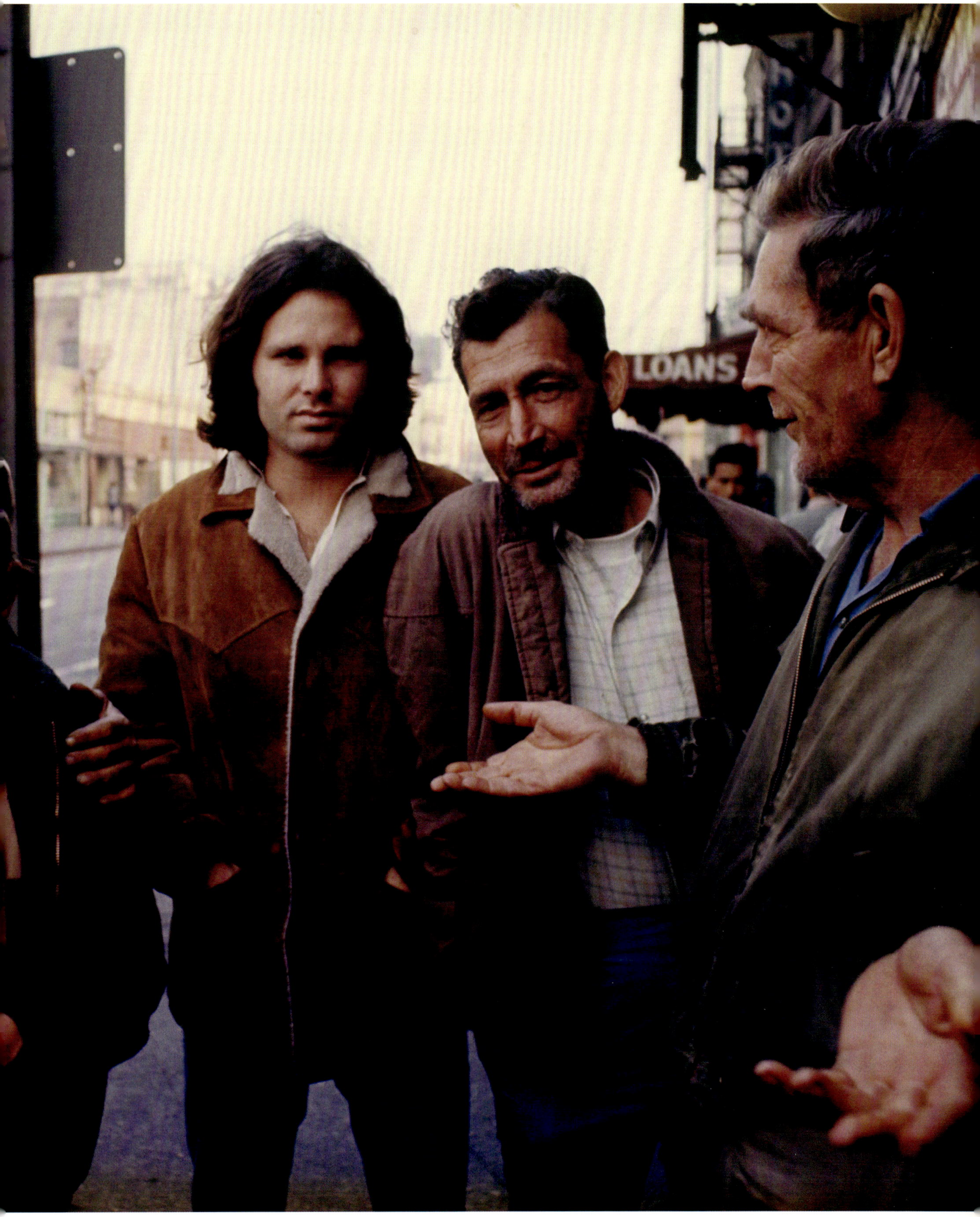
LOANS

Jim Morrison

Jim era realmente um poeta. Ele não falava muito. Era tranquilo. Era observador e sonhador. Enquanto eu o fotografava, ele raramente falava. Às vezes não me notava e às vezes me olhava de tal modo que era impossível eu adivinhar em que ele estava pensando. Como alguém poderia saber?

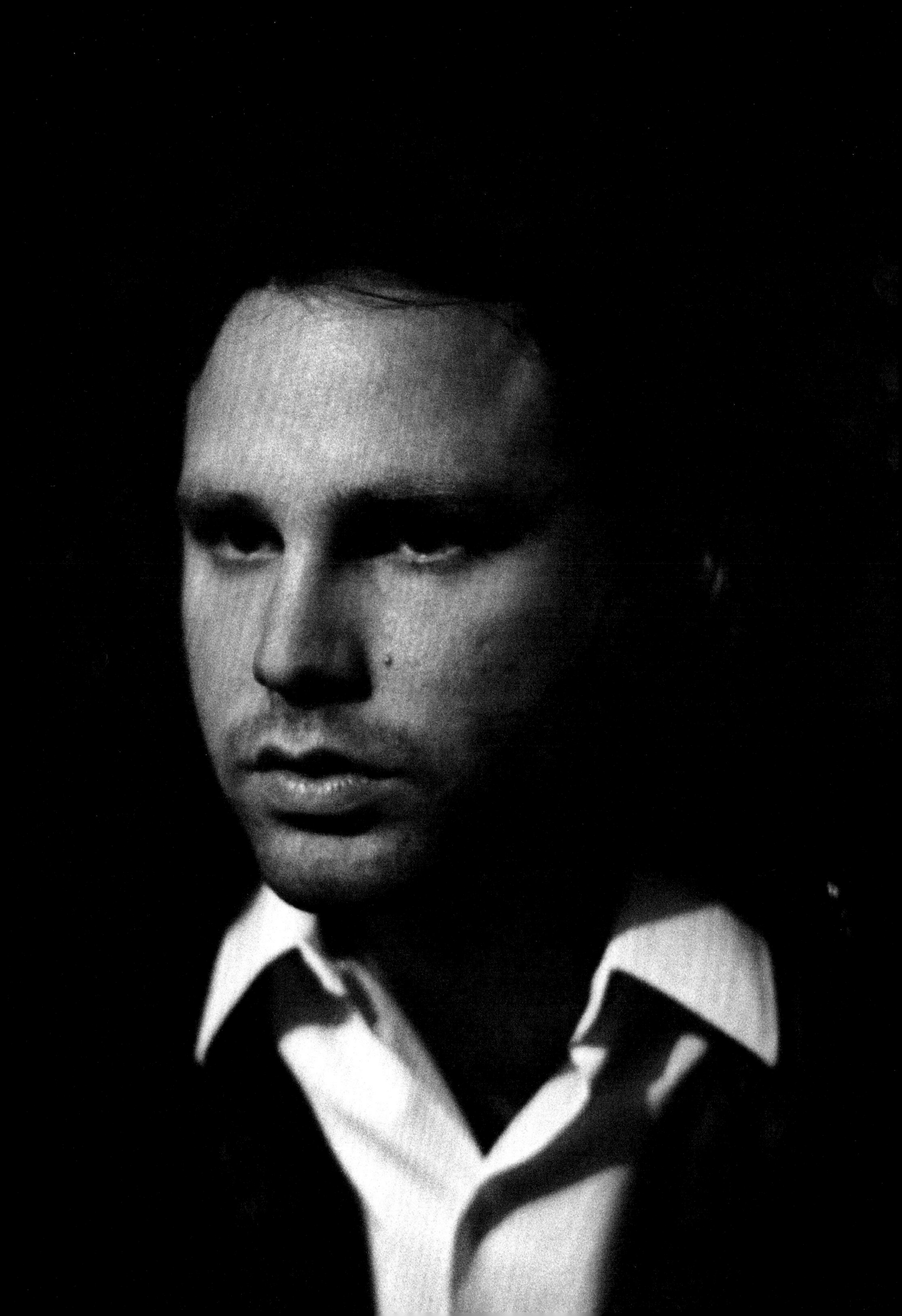

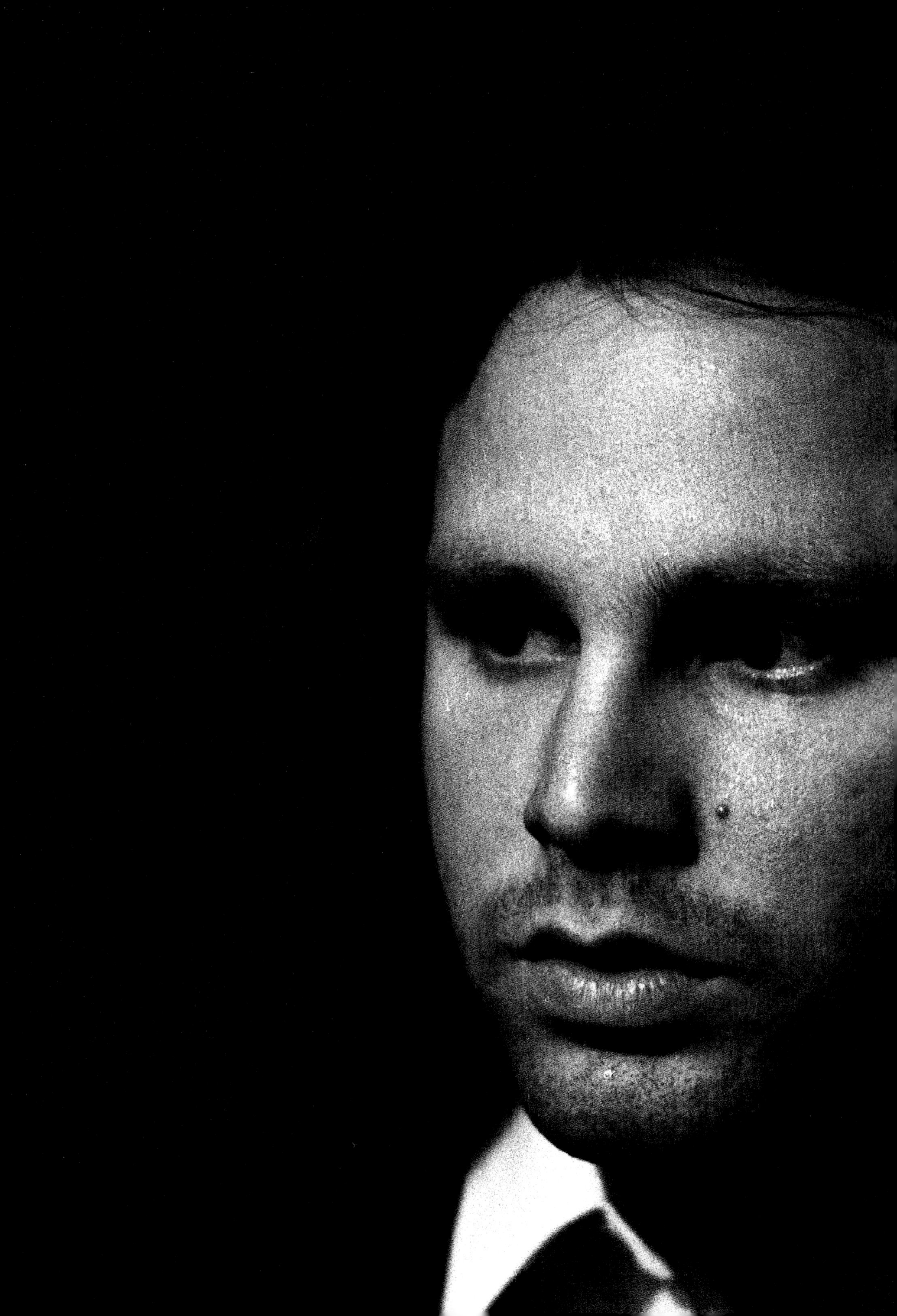

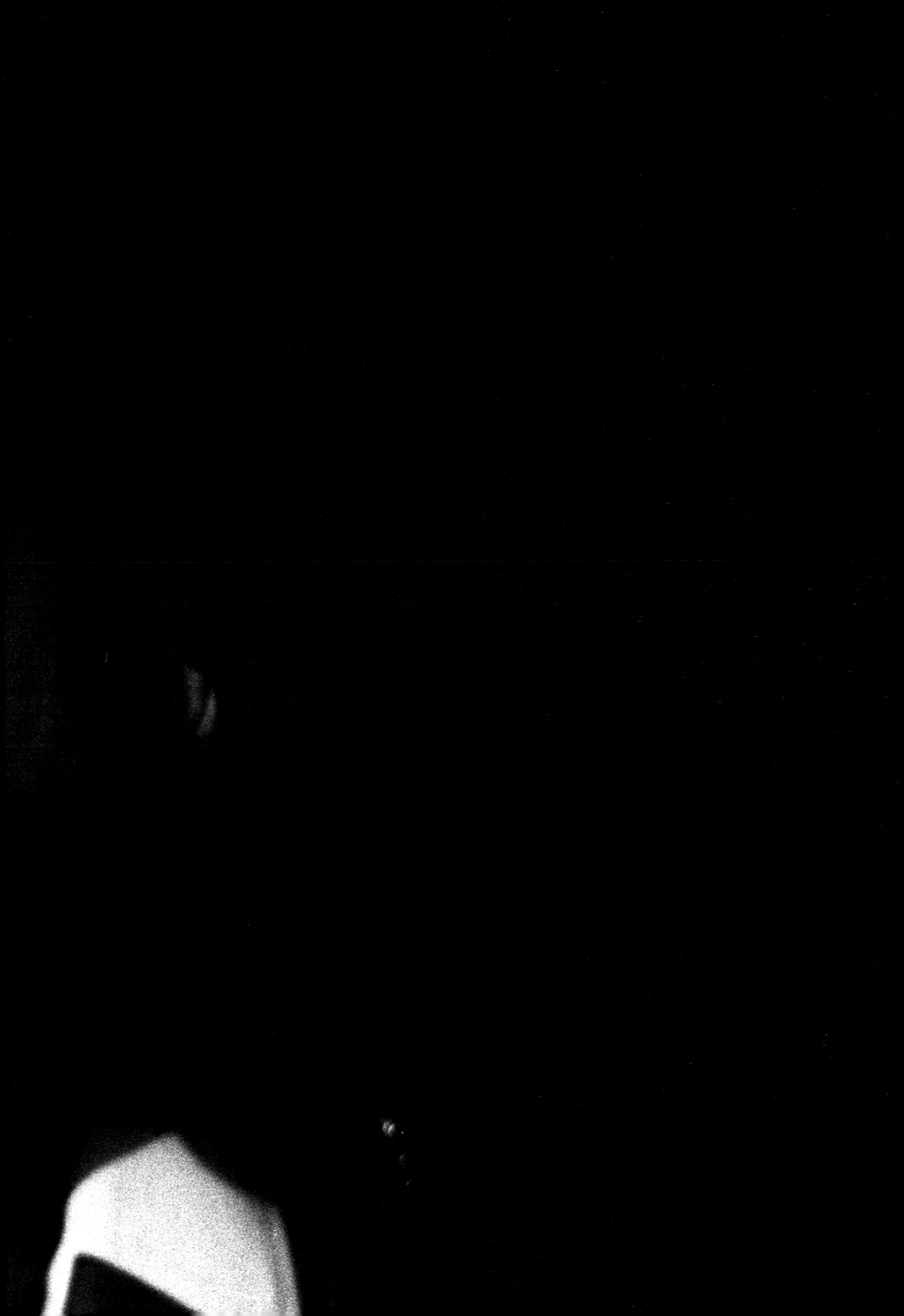

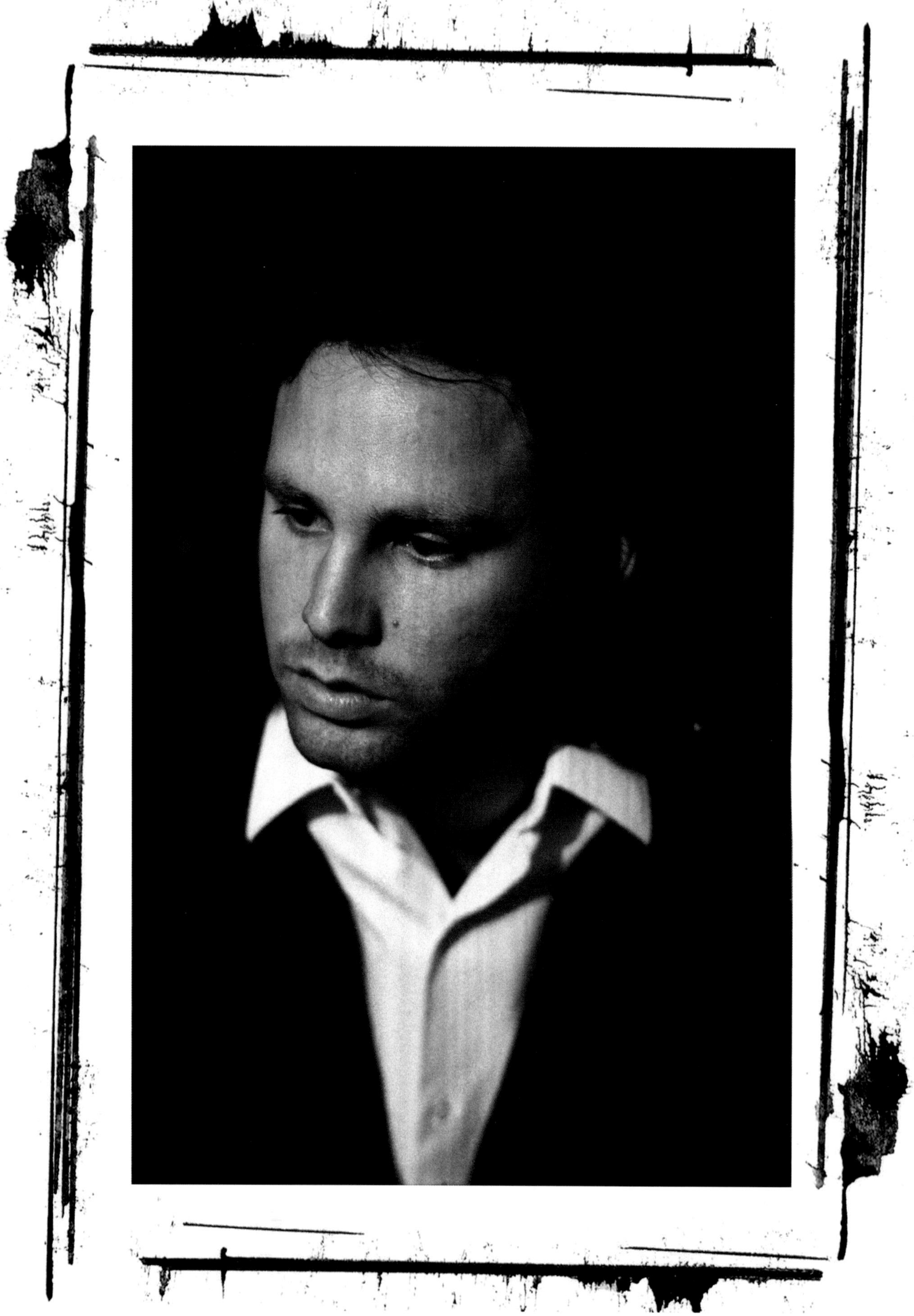

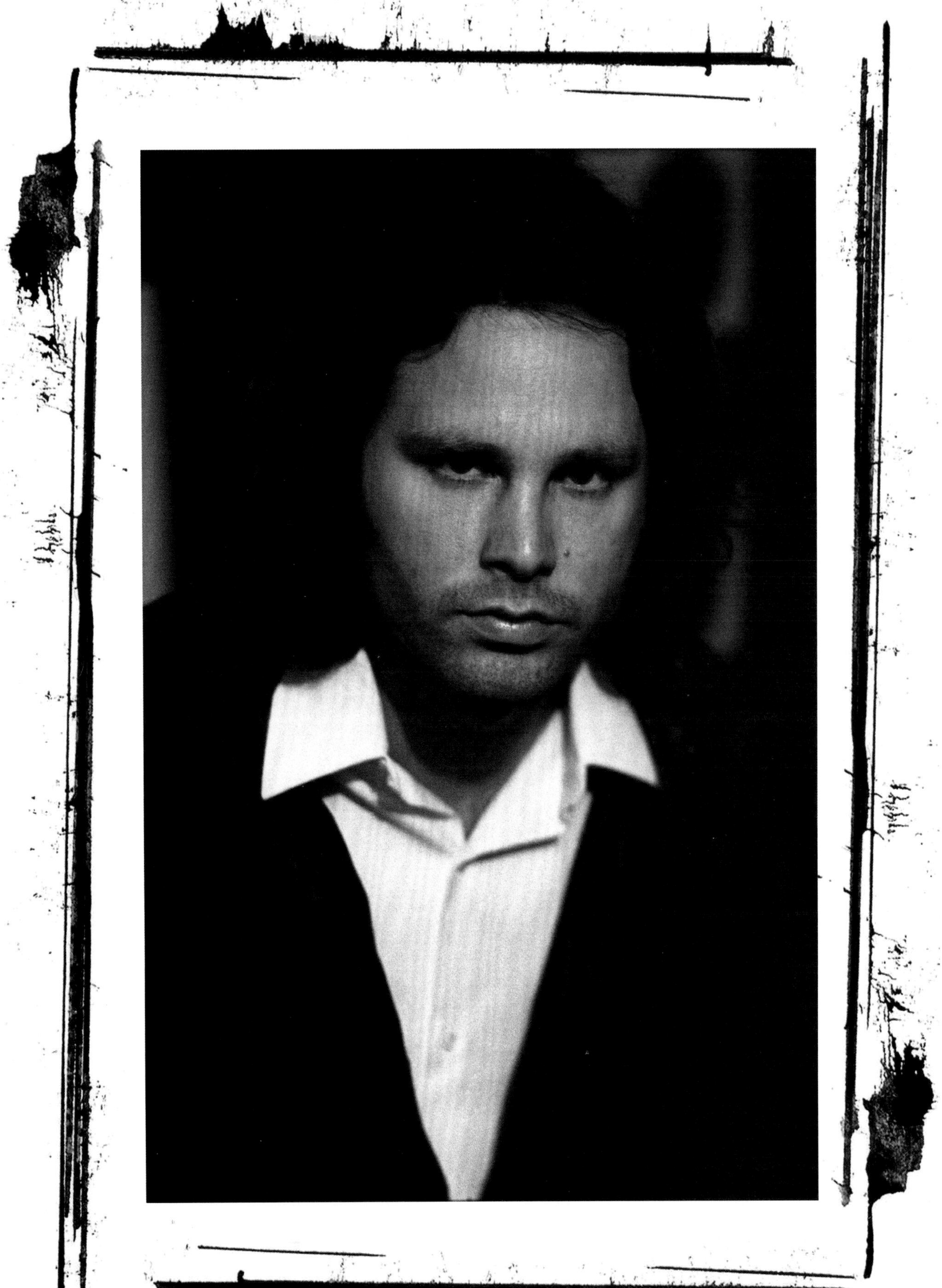

Ray Manzarek

Ray era inteligente como um professor universitário. Era um esteta que adorava a música e as artes. Quando eu ia à sua casa, ficava maravilhado com os cartazes antigos de filmes russos nas paredes e os livros de arte sobre dadaísmo que se encontravam sobre a mesa. Era um verdadeiro cavalheiro que podia manter uma conversa sobre qualquer assunto. Ele era ao mesmo tempo o tecladista e o baixista da banda... uma mão para cada instrumento.

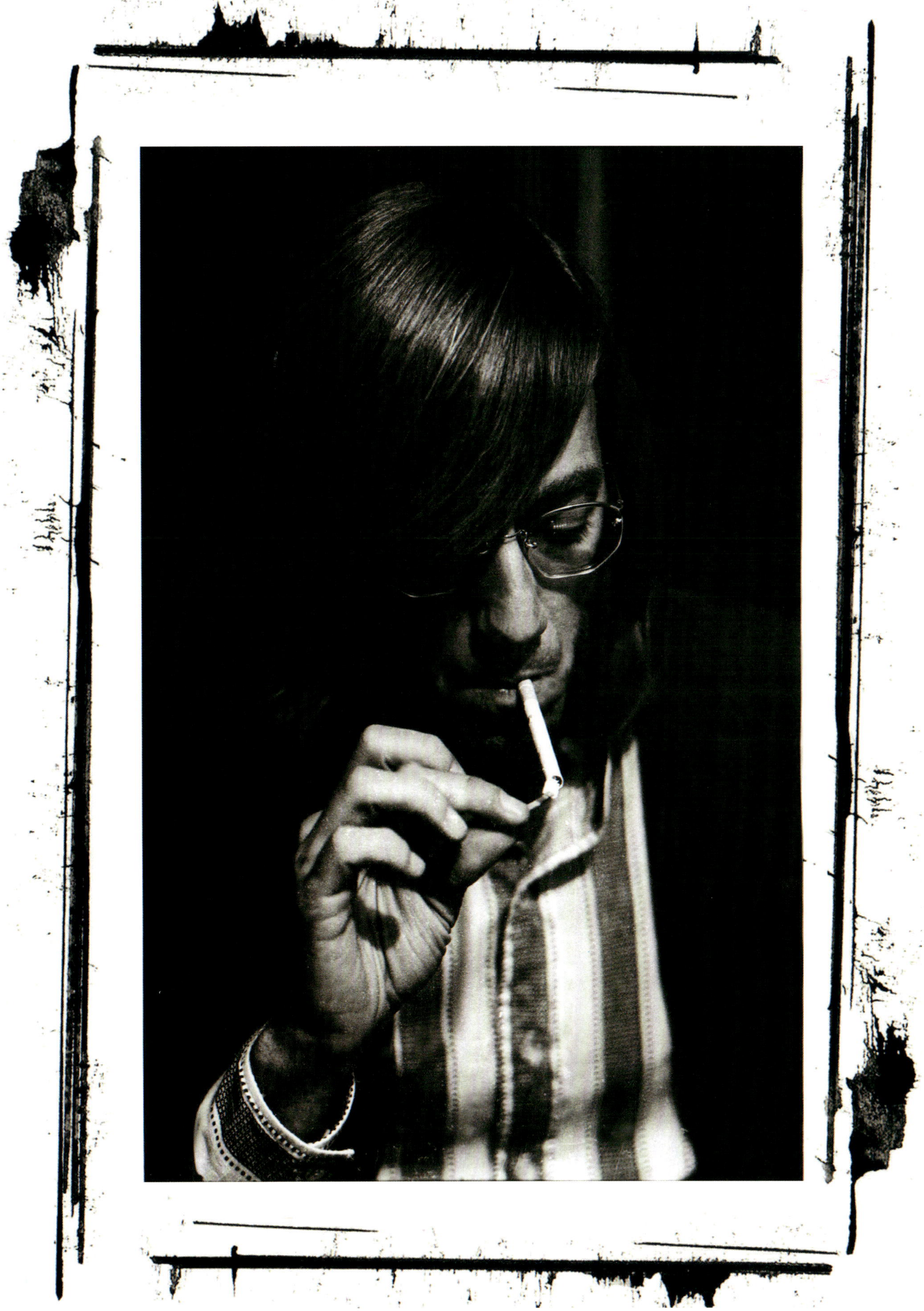

John Densmore

Antes de se juntar aos Doors, John era baterista de jazz. Sei que ele adorava surfar e que se interessava pelo mundo musical e teatral. Um homem vivido e um cara muito simpático. Era fácil conversar com ele, embora se mantivesse firme em suas opiniões. Para mim, ele estava, com certeza, em um nível acima da maioria dos bateristas que se costuma encontrar.

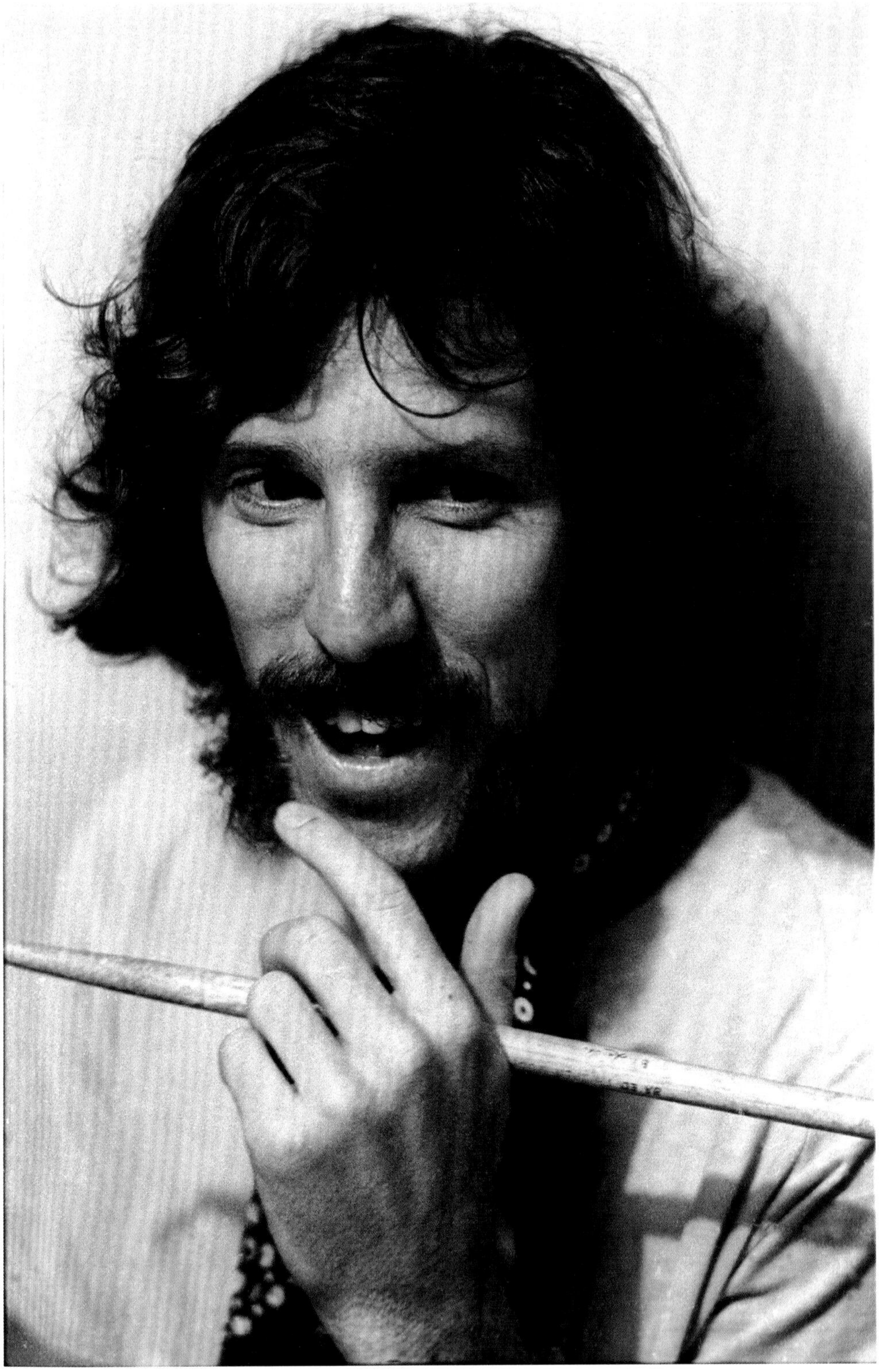

Robby Krieger

Ouvi dizer que, no início, Robby era um violonista de flamenco e que nunca havia tocado guitarra antes de se juntar aos Doors. Por fora, ele aparentava ser muito calmo, mas havia muitas coisas em seu interior... dentre as que vieram à tona, estava a música "Light My Fire"! Sempre gostei de ouvir seus comentários a respeito do que ele via enquanto integrante da banda.

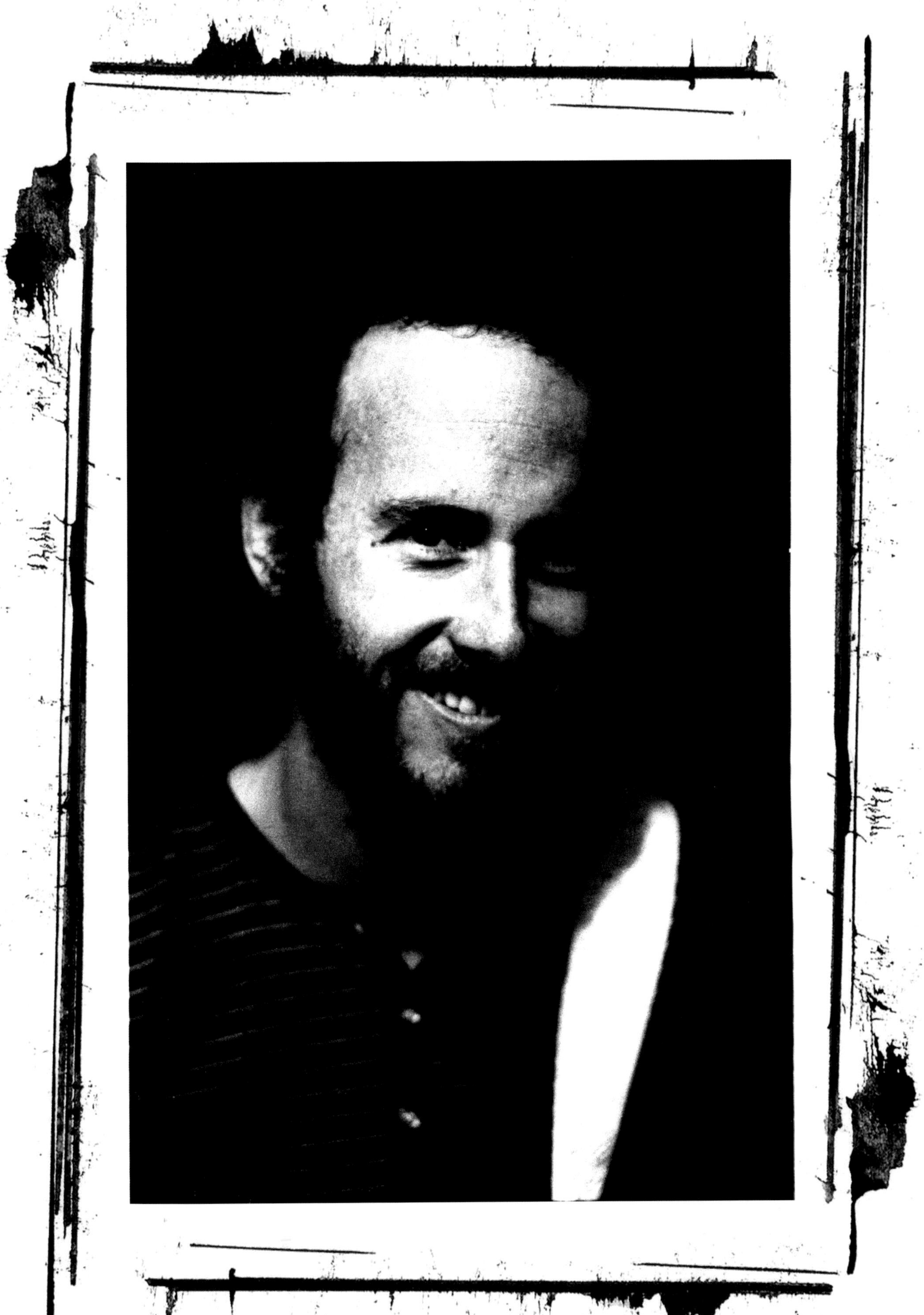

Leitura Recomendada

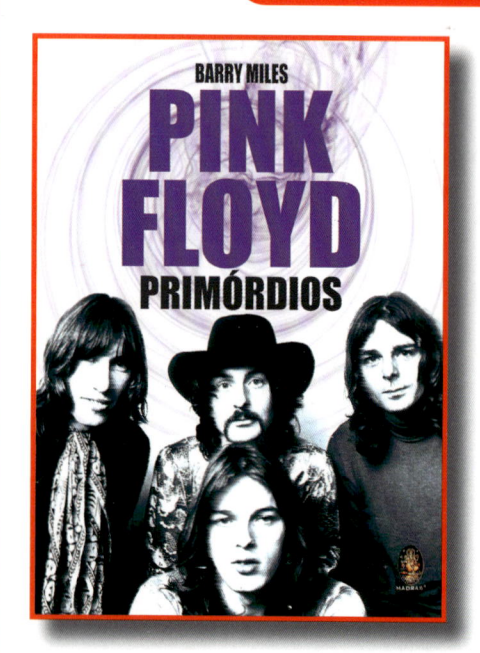

PINK FLOYD

Primórdios

Barry Miles

Um relato revelador do início da carreira do Pink Floyd, de suas raízes em Cambridge ao status de culto na Londres dos anos 1960. Um retrato detalhado de um grupo lendário em sua ascensão. O autor, Barry Miles, viu a banda tocar quando eles ainda eram chamados The Pink Floyd Sound e escreveu o primeiro artigo feito sobre eles para um jornal alternativo de Nova York em 1966. Miles acompanhou o progresso deles, de uma banda de covers de R&B até se tornarem a força musical lendária que criaria um dos álbuns de maior sucesso de todos os tempos – *The Dark Side of the Moon*. Ele também conheceu socialmente os membros da banda, testemunhou o declínio rápido de Syd Barrett e se envolveu ativamente na organização de alguns dos shows mais importantes do grupo.

Bob Dylan é o mais celebrado poeta, cantor e compositor da música popular – uma lenda, um dissidente e um super astro que poucas vezes deixou escapar algo sobre sua vida pessoal. Agora surge *Dylan: 100 Canções e Fotos*, um livro de coleção único sobre o Dylan, apresentando de forma completa as letras e partituras de suas canções mais importantes, além das histórias privadas por trás delas – todas acompanhadas por 100 fotos raras. Muitas das canções foram escolhidas por companheiros de shows famosos tais como Bruce Springsteen, Bono e Sir Paul Mac-Cartney, e juntas com as fotos algumas vezes evocativas e cativantes, elas propiciam um olhar íntimo para a progressão de Dylan de um herói do folk de boné de veludo a roqueiro eletrificado impenitente. As canções escolhidas combinam cada estágio da odisséia pessoal e criativa de Dylan e algumas vezes parecem quase tão potentes na página impressa quanto soaram quando Dylan as executa no palco ou em gravações.

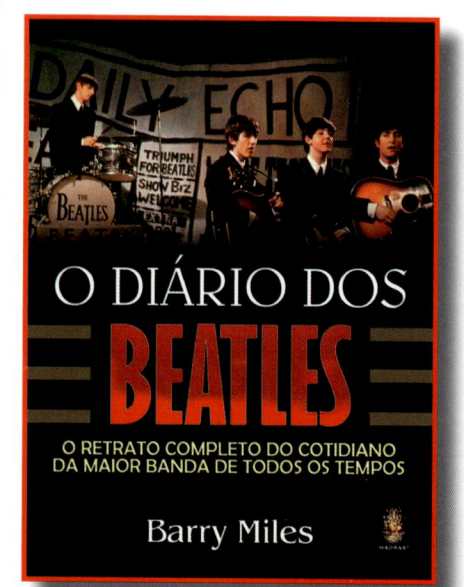

O DIÁRIO DOS BEATLES

O Retrato Completo do Cotidiano da Maior Banda de Todos os Tempos

Barry Miles

A mais famosa banda do mundo existiu oficialmente durante dez anos, e sua extraordinária história tem sido o tema de incontáveis livros, filmes e artigos. Essa é a mais completa crônica sobre os Beatles, escrita pelo notável Barry Miles, que fazia parte do círculo íntimo dos Beatles durante a década de 1960. Essa obra contém uma minuciosa cronologia dos shows, locais das apresentações, declarações dos membros da banda e datas memoráveis. Revela a história nua e crua dos quatro integrantes da banda e expõe não só as brigas, a vida de sexo e drogas como também suas vitórias

www.madras.com.br